Quando brinco com a minha gata,
como sei que ela não está
brincando comigo?

SAUL FRAMPTON

Quando brinco com a minha gata, como sei que ela não está brincando comigo?

Montaigne e o estar em contato com a vida

Tradução
Marina Slade

Rio de Janeiro | 2013

Originalmente publicado em 2011 pela Faber & Faber.

Título original: *When I Am Playing With My Cat, How Do I Know She Is Not Playing with Me? Montaigne And Being In Touch With Life*

Capa e ilustração de capa: Sérgio Campante

Editoração: FA Studio

Texto revisado segundo o novo
Acordo Ortográfico da Língua Portuguesa

2013
Impresso no Brasil
Printed in Brazil

Cip-Brasil. Catalogação na fonte
Sindicato Nacional dos Editores de Livros. RJ

F879 Frampton, Saul
Quando brinco com a minha gata, como sei que ela não está brincando comigo?: Montaigne e o estar em contato com a vida/ Saul Frampton; tradução Marina Slade. – Rio de Janeiro: DIFEL, 2013.
336 p.: 23 cm
Tradução de: When I am playing with my cat, how do I know she is not playing with me?: Montaigne and being in touch with life
ISBN 978-85-7432-127-1

1. Montaigne, Michel de, 1533-1592. – Crítica e interpretação. I. Título.

12-9209
CDD: 844
CDU: 821.133.1-4

DIFEL – selo editorial da
EDITORA BERTRAND BRASIL LTDA.
Rua Argentina, 171 – 2º andar – São Cristóvão
20921-380 – Rio de Janeiro – RJ
Tel.: (0xx21) 2585-2070 – Fax: (0xx21) 2585-2087

Atendimento e venda direta ao leitor:
mdireto@record.com.br ou (0xx21) 2585-2002

Todos nós somos mais ricos do que pensamos...

Sumário

Prefácio

Em alguma época por volta do final do século XVI, Michel Eyquem, Seigneur de Montaigne, alcançou o teto de sua biblioteca e raspou uma inscrição que já colocara lá havia anos. A biblioteca ficava no terceiro andar de uma torre cilíndrica localizada num dos cantos da mansão de Montaigne, em Périgord. De suas janelas, ele podia ver o jardim, o pátio, os vinhedos e o interior da maior parte dos cômodos de sua casa, que estava localizada no alto de um morro, poucos quilômetros ao norte do rio Dordogne e cerca de cinquenta a leste de Bordeaux.

Bem próximo a Montaigne estavam seus livros, uns mil, arrumados em cinco prateleiras. Ele os folheava "sem ordem, sem planos", levantando-se da cadeira para andar pelo cômodo, 16 passos de diâmetro, resultando numa caminhada circular de cerca de cinquenta passos em sua circunferência. Sobre sua cabeça, citações clássicas e bíblicas rodeavam os caibros e vigas do teto, como vinhas enroladas nos galhos de uma árvore.

A inscrição que Montaigne apagou era um verso do poeta romano Lucrécio: *Nec nova vivendo procuditur ulla voluptas* – Não há nenhum prazer novo a ser ganho por se viver mais longamente. Era um sentimento que ele antes apreciava. Como a maioria dos pensadores de seu tempo, Montaigne seguia uma filosofia cristã e estoica, na qual a vida era vista como preparação para a que viria depois da morte, e a tarefa da filosofia era avivar as pessoas contra as vicissitudes da fortuna. E da má fortuna que Montaigne já havia experimentado. Sua primeira filha falecera com apenas dois meses (a primeira de cinco que morreram na primeira infância). Seu irmão mais novo tinha sido morto de modo absurdo, trágico, golpeado por uma bola de tênis. Seu melhor amigo, Etienne de La Boétie, deixou o mundo em razão de uma peste aos trinta e poucos anos. E seu pai, a quem ele adorava, morrera recentemente depois de uma agonia prolongada causada por uma pedra nos rins. Além disso, uma guerra religiosa violenta se alastrava pelo país, ateando fogo à região de Montaigne, contrapondo católicos a protestantes, pais a filhos, massacres a assassinatos.

E então, numa inscrição feita na parede da biblioteca depois de deixar a função de magistrado e se retirar para sua casa, Montaigne declarava a intenção de se esconder e, aliviado, arrastar-se para a morte:

> No ano de Cristo de 1571, aos trinta e oito anos de idade, na véspera do início de março, seu aniversário, Michel de Montaigne, desgastado com a escravidão da corte e do serviço público, e enquanto ainda intacto, retira-se para o seio das sábias Musas, onde em paz e segurança espera, se o destino assim lhe permitir, passar o que possa restar de sua vida já gozada em mais da metade, consagrando essa morada ancestral e doce retiro à sua liberdade, tranquilidade e repouso.

A escolha do aniversário expressava um fatalismo melancólico: o de que aquele era o princípio do seu fim. Então Montaigne, que em breve sofreria com a doença que havia vitimado seu pai, retirou-se para sua torre circular, aquele cômodo no terceiro andar, para passar, sem ser perturbado, o pouco que "pudesse lhe restar de vida".

Montaigne é hoje conhecido como o autor dos *Ensaios*, talvez, ao lado das peças de Shakespeare e de *Dom Quixote*, uma das mais importantes obras literárias da Renascença. Neles, ele faz a tentativa de *essayer* ou "testar" uma variedade surpreendente de tópicos, que vão da guerra à ociosidade, da bebedeira ao polegar. Iniciados alguns anos depois do isolamento de Montaigne, mas continuamente aumentados durante os vinte anos que antecederam sua morte, os *Ensaios* representam um impressionante compêndio de crenças e atitudes da época da Renascença.

Mas a remoção das palavras de Lucrécio do teto de sua biblioteca também marca uma surpreendente inversão de perspectiva no curso da produção escrita de Montaigne – a mudança de uma filosofia de morte para uma filosofia de vida.

Profundamente influenciado pela morte de seu pai e pela morte inabalavelmente estoica de seu amigo La Boétie, Montaigne inicialmente se isolara com o predomínio da morte em sua mente: "filosofar é aprender a morrer", como declara no título de um de seus primeiros ensaios. Mas, no decorrer de seus escritos, Montaigne volta as costas para esse pessimismo e abraça uma nova filosofia, na qual "viver de maneira feliz, e não... morrer de maneira feliz, é a fonte da felicidade humana". Como o personagem de James Stewart em *A felicidade não se compra*, Montaigne começa a rejeitar a desesperança e a sentir a textura do tecido simples da existência. E, com isso, seus ensaios crescem de simples distrações para um meio de repetir, rebobinar e reviver sua vida enquanto a vive: "Quero aumentar seu peso; quero deter a velocidade de seu voo com a velocidade com que a agarro... quanto mais breve minha posse de vida, mais profunda e plenamente devo fazer uso dela."

E a escrita de Montaigne transborda de vida. Em mais de cem ensaios e cerca de meio milhão de palavras, registra cada pensamento, cada sabor e sensação que lhe atravessa a mente. Escreve ensaios sobre o sono e a tristeza, sobre os cheiros e a amizade, sobre as crianças, o sexo e a morte. E, como um testamento final, escreve um ensaio sobre a experiência, no qual contempla a maravilha da própria existência humana.

E, nos textos dos *Ensaios* e do *Diário de viagem* (contando sua viagem à Itália), Montaigne explora as dores, os paradoxos e os prazeres de existir. Ele pergunta se devemos pular ou abaixar ao estouro de um arcabuz, ficar parado ou correr na direção do inimigo. Conta que Platão diz que não se deve beber antes dos 18 anos, que se deve beber moderadamente até os quarenta, mas, depois disso, se embriagar com a maior frequência possível. Registra a beleza das prostitutas de Florença ("nada especial") e o amor dos italianos por seios fartos. Perde a carteira; cutuca o próprio olho. Desce de trenó o monte Cenis. Vai a Pisa e conhece o culto doutor Burro, que o presenteia com um livro sobre as marés cheias e vazantes.

Entretanto, em meio a esses infinitos interesses há uma parte central na investigação de Montaigne: a experiência de si próprio, pois Montaigne se encontra na linha divisória dos dois grandes movimentos intelectuais do milênio passado: a abóbada escura do Cristianismo medieval e a prole monstruosa da ciência do século XVII. Em ambos, a vida cotidiana é, em certo sentido, relegada: na ciência, a mecanismo e matéria; na religião, a transitoriedade e pecado. Montaigne é como um homem numa plataforma, esperando, no intervalo entre esses dois trens. No entanto, durante esse silêncio, no espaço de talvez umas poucas décadas perto do final do século XVI, a vida começa a se desdobrar, pois o que Montaigne descobre é o poder do que é comum e ordinário, o valor do aqui e agora. E no cerne disso está a ideia de que cada um de nós – e ele toma a si mesmo como exemplo básico – tem um modo *particular* de ver o mundo. Ele diz que se vê como "uma pessoa muito comum, exceto a esse respeito, *que considero a mim mesmo desse modo*".

Os escritos de Montaigne podem, portanto, ser vistos como a primeira representação sustentada da consciência humana na literatura ocidental. Isso não quer dizer que as pessoas estiveram inconscientes nos períodos anteriores ou que não tivessem sido escritos relatos de vidas individuais, como os de santo Agostinho e de Abelardo. Mas ninguém havia prestado tanta atenção à experiência real de viver ou visto a vida como provedora de uma lição moral – justificando a tolerância política e religiosa e dando uma razão para se continuar a viver. O estoicismo cristão do século XVI via o corpo e os sentidos como algo a ser superado, a que devíamos ser indiferentes, e a vida como algo a que facilmente se podia renunciar, contanto que o preço moral e teológico valesse a pena. Mas Montaigne rejeita essa indiferença e, ao longo de seus ensaios, encontra a razão de viver na sua própria experiência. Reflete sobre o odor de seu gibão, sobre uma coceira na orelha. Saboreia o vinho e a água das cidades que visita ("cheiro de enxofre, um pouco salgada"). Acha que guarda-sóis pesam mais no braço do que aliviam a cabeça e repara no efeito de vários clisteres – "expulsão incessante de gases". Faz cócegas em si mesmo. Sonha que sonha. Até manda que o acordem "de modo que eu possa ver o sono de relance".

Para Montaigne, a vida é para ser vivida ativa e não passivamente, uma vitalidade que levou até mesmo Nietzsche – que não era de distribuir elogios – a proclamar: "O fato de esse homem ter escrito realmente aumentou a alegria de viver nesta terra...

Se me fosse dada a tarefa, eu poderia me esforçar para ficar à vontade no mundo como ele."

~

Contudo, há outra razão para se escutar esse nobre gascão do século XVI.

A filosofia moderna – e, há quem diga, o mundo moderno – começa uns trinta anos depois de Montaigne, quando Descartes se isola num pequeno quarto aquecido por um fogareiro e faz a si mesmo a pergunta que considera ser a mais fundamental das questões filosóficas: no que podemos acreditar com *certeza*? A resposta a que Descartes chega – pensando –, na forma da máxima *Cogito ergo sum* (Penso, logo existo), tem sido um dos tópicos favoritos dos filósofos desde então. E a edificação que Descartes e outros filósofos do século XVII construíram em torno dele – a enorme catedral de aço e vidro da Razão – eclipsou a torre mais modesta de Montaigne. Como resultado, ele, silenciosamente, escorregou para baixo de nossos horizontes intelectuais: um ensaísta provinciano excêntrico, embora muitas vezes confundido com o teórico político iluminista Montesquieu.

No entanto, Montaigne pode ser visto como provedor de uma filosofia alternativa à de Descartes, uma concepção mais centrada no homem, que não reivindica a certeza absoluta, mas que também está livre do que alguns têm visto como implicações dessa reivindicação: os movimentos políticos totalitários do século XX e a anomia individualista da vida ocidental moderna.

Porque no coração da filosofia de Descartes está o princípio intelectual da divisão, uma tentativa de oferecer clareza em um mundo tornado incerto pela inquietação religiosa e política. Ele, então, estabelece, como parte de seu "método", que os problemas intelectuais devem ser "divididos" em "tantas partes quanto possível" e que devemos aceitar como verdadeira somente aquela que possamos perceber "muito clara e distintamente" – isto é, separada das outras. E esse princípio é o fundamento de sua divisão entre mente e corpo: ele vê a mente como um todo "uno e igual", enquanto "não pode pensar em qualquer ser com Corpo e extensão que não possa ser facilmente dividido em Partes". Para Descartes, o conhecimento verdadeiro, portanto, corresponde a uma visão singular e não ambígua: ele usa a metáfora de uma cidade projetada por um "único senhor" em lugar de desenvolvida naturalmente e ao acaso pelo trabalho de "diferentes mãos".

Montaigne, em contraste, trabalha com um instinto intelectual mais antigo, menos avançado, mas talvez mais venerável: o da proximidade. Em vez de definir e dividir coisas, ele quer juntá-las, aproximar-se, chegar perto delas, e não menos de si mesmo. E, em lugar de buscar certezas que o separem das coisas comuns, vê o princípio da confiança como muito mais importante, como diz no princípio de seus ensaios: "Você tem aqui um livro de *boa-fé*." Para Montaigne, as relações humanas são o principal cenário do conhecimento: se a confiança é restaurada, acordo, tolerância e, em consequência, a verdade se seguirão; a busca por constância e certeza o impressiona apenas como obstinação sob outra roupagem. E aqui as diferenças de caráter e circunstâncias são reveladoras: Descartes está em solo estrangeiro, refugiado num cômodo pequeno, isolado e abafado, estoicamente imune a "paixões" e "cuidados" (uma biografia recente o descreve como "um solitário recluso, mal-humorado e hipersensível"). Montaigne, ao contrário, escreve em meio às guerras religiosas da França, e como senhor de terras e negociador entre as facções em luta, tentando desesperadamente cicatrizar "essas divisões e subdivisões que hoje nos despedaçam".

Então, no meio dessas guerras, ele começa a ver esse conflito como sendo alimentado pela busca de certeza política e religiosa. E, enquanto alguns viam o estoicismo inflexível dos antigos como uma filosofia ideal e moral endossada por Descartes, Montaigne começa a achar que ele exacerbava a divisão de seu tempo, impedindo os homens de terem consciência de si mesmos e compreensão dos outros, resultando numa aceitação ou mesmo num apetite por matança e crueldade gratuitas.

Montaigne, portanto, decide procurar sua moralidade mais localmente, começando por examinar e *testar* a si mesmo. E o que ele descobre é a experiência não percebida da existência – não percebida devido a séculos de moralismo cristão, mas também porque sua presença constante a havia tornado invisível. Enquanto a divisão entre mente e corpo de Descartes o separa de outros corpos e de outras pessoas, Montaigne vê a própria relação com seu corpo como a abertura de uma porta de entrada para "o padrão universal do humano" e, como consequência, para a sociedade em geral. O autoconhecimento, então, nos leva para dentro de nós, mas, depois, para fora e para dentro dos outros: precisamos nos conhecer antes que possamos entender nosso semelhante – um paradoxo lógico a partir de uma perspectiva moderna, mas não para Montaigne.

Seus ensaios trazem consigo, então, uma aceitação da variação e da diferença, mas uma diferença construída em torno de nossas semelhanças em primeiro lugar. Ele vê a viagem como um meio de "esfregar e polir nossos cérebros no contato com os outros" e escreve em italiano quando está na Itália e em francês quando volta para a França. Coleciona canções de amor brasileiras, do Novo Mundo, o que faz dele, talvez, o primeiro fã de música internacional. Admira a instalação de hospitais para animais pelos turcos e se pergunta se os elefantes teriam religião. Resumindo, o ceticismo de Montaigne leva mais à empatia do que à certeza e vê nossas crenças mais arraigadas como fundamentadas simplesmente no hábito. E, com isso, seus ensaios deixam a adolescência estoica – a obsessão com campos de batalha e táticas militares – e, em lugar disso, começam a explorar as inclinações de amigos e inimigos, animais e canibais, católicos, protestantes e judeus – chegando a se perguntar: "Quando brinco com a minha gata, como sei que ela não está brincando comigo?"

Porém, mais que tudo, Montaigne desenvolve uma filosofia baseada no que está à sua volta: alimentada por nossas capacidades naturais, não contaminada pelos aditivos artificiais do estoicismo, dogmatismo e dúvida. Em lugar de buscar um santuário na catedral da Razão, Montaigne vasculha o litoral onde a morte arranha a vida e constrói um abrigo com o que encontra por lá, formado de areia e conchas, de amizade e sexo, de dança, sono, melancias e vinho. Tem como matéria uma queda do cavalo, o disparo de um arcabuz, seu cachorro, sua gata, pedras nos rins e visões e ruídos que o circundam, mas também se compõe dele próprio e de seu livro: um livro, diz ele, que é "consubstancial com seu autor, que diz respeito somente a mim, parte que integra minha vida", com o qual caminha dia a dia "de mãos dadas". Em lugar de tentar alcançar além de nós numa busca por certeza, Montaigne nos mostra onde já estamos. E, em vez de procurar verdades além do que é humano, apresenta um problema filosófico mais simples, mas muito mais importante: "Terei desperdiçado o meu tempo?"

~

"Nunca nos sentimos em casa, sempre estamos além de nós mesmos." Os textos de Montaigne são uma tentativa de voltar para casa, de chegar perto de si, de se seguir enquanto sobe as escadas para a biblioteca e se senta em sua cadeira, mas, de lá, se dirige ao leitor num gesto que é a quinta-essência da sociabilidade, apresentando-se a nós, embora não somente em termos de seus pensamentos, mas em termos de sua casa e suas vinhas, seus livros e sua escrita, seu aperto de mão, seu sorriso e seu cabelo castanho. Somos, diz ele, "maravilhosamente corpóreos", e nosso sentido da vida cresce na medida em que vemos isso espelhado na proximidade dos outros – uma verdade que descobre em si, mas depois expande para abranger amigos e família, empregados e vizinhos, alemães, italianos – até mesmo outras criaturas – e finalmente invoca na intimidade entre nós, leitores, e ele.

O tempo todo nos lembra que, se valorizamos um amigo, devemos encontrá-lo; se gostamos dos nossos filhos, devemos fazer as refeições com eles; se há alguém que amamos, devemos nos aproximar dele e ficar junto. E se você quer voltar ao contato com a vida – como Flaubert escreveu a um correspondente deprimido – "leia Montaigne... Ele vai acalmá-lo... Você vai amá-lo, você vai ver".

1

Acordando ao som de uma espineta

Nascido nos flancos do Puy de Sancy, nas montanhas da região de Auvergne, o rio Dordogne descreve curvas intestinais através da ampla barriga da França. Incha com a contribuição dos rios Cère e Vézère antes de seguir para oeste na direção de Bordeaux e do grande estuário do rio Gironde, onde, num peristaltismo final, encontra o mar. Ele dá vida à região, trouxe barcos em busca do vinho e, no tempo dos romanos, deu um significado literal a essa antiga terra das águas: Aquitânia.

Montaigne nasceu entre onze horas e meio-dia de 28 de fevereiro de 1533, foi um ano de muitos acontecimentos. Henrique XVIII casou com Ana Bolena e foi excomungado pelo papa por sua insolência. Uma filha, Elizabeth, nasceria logo em seguida. Atahualpa, o último imperador dos incas, foi estrangulado por seus capturadores espanhóis, apesar de não deixar de pagar o resgate de um quarto cheio de ouro. E, na França, o teólogo protestante João Calvino deixava o país, e Catarina de Médici chegava como esposa de Henrique II, trazendo o gosto por alcachofras e gelatinas salgadas, timo de vitela, trufas e creme de ovos, ajudando, desse modo, a colocar a culinária francesa no mapa e proporcionando a si mesma algo que mastigar enquanto refletia sobre as próximas reviravoltas da guerra entre protestantes e católicos à medida que o século se desenrolava.

Montaigne foi batizado "Michel Eyquem de Montaigne" – sendo Eyquem o sobrenome que abandonaria e Montaigne o nome do nobre castelo em que nasceu. Sua família devia sua fortuna à localização propícia de Bordeaux como porto para as frutas dessa região fértil. Entre os séculos XII e XV, a Aquitânia (ou Gasconha ou Guiana, como também foi chamada) havia sido inglesa, depois do casamento de Eleonor de Aquitânia com Henrique Plantageneta, herdeiro do trono inglês. O domínio inglês terminou em 1453 quando John Talbot foi morto na batalha de Castillon, poucos quilômetros ao sul de Montaigne, encerrando-se assim a Guerra dos Cem Anos. Mas, durante aquele período, Bordeaux havia enriquecido com os lucros obtidos devido ao gosto dos ingleses pelo vinho tinto claro da Gasconha: o *clairet* ou clarete.

A derrota inglesa a princípio foi desastrosa para a economia, mas o comércio gradualmente se recuperou. E, depois de uma vida inteira no comércio de vinho, arenque e corante azul, negociando com o objetivo de casar com uma mulher rica, o bisavô de Montaigne, o comerciante de Bordeaux Raymond Eyquem, em 1477 comprou a casa e a propriedade de Montaigne, suas vinhas, moinhos e florestas, por 900 francos. Há uma história maravilhosa sobre Raymond no dia da conclusão do negócio, segundo a qual ele teria entrado na casa com o vendedor e, depois que este saiu, montou uma barricada bloqueando a porta e abriu uma garrafa de vinho. Ainda se pode visitar o castelo, que se ergue alguns quilômetros ao norte do rio Dordogne num planalto em que venta muito, no alto de um monte coberto de vinhas (o nome Montaigne significa monte ou montanha). A casa original pegou fogo em 1885 e foi substituída por uma cópia neorrenascentista, mas, miraculosamente, a torre de Montaigne sobreviveu. (Podemos ter uma noção de como era a casa originalmente em ilustrações do começo do século XIX como a do início deste capítulo.)

Como dono do castelo, Raymond e seus descendentes usufruíam o direito de usar o título de Seigneur de Montaigne. O papel de *seigneur* derivava essencialmente dos tempos feudais, no sentido de que o título valia não só para suas próprias terras, mas também para aquelas ao redor. Anualmente, recebia um aluguel por reconhecimento ou *cens* dos arrendatários. E, se algum deles vendesse um pedaço de terra, o senhor recebia uma quantia de até 25% do preço ou tinha a opção de ele mesmo comprar a terra – reorganizar e maximizar seus arrendamentos foi algo que o pai de Montaigne, Pierre, foi bastante eficiente em fazer. E Montaigne, por sua vez, colheria os frutos desses investimentos por ser a terceira geração cujas mãos não foram maculadas pelo comércio, o que lhe dava o direito de se considerar um verdadeiro membro da nobreza.

O *seigneur* exercia o direito do "forno comum" sobre os arrendatários, exigindo que usassem seus moinhos de farinha e também suas prensas de vinho, recebendo o quinhão a ele devido. E esse poder econômico refletia em sua posição social na comunidade. Ele podia portar uma espada e era o primeiro a receber a comunhão. E, no castelo, ouvia e julgava as disputas de seus arrendatários – arados errantes e vacas desobedientes pastando onde não deviam.

O *seigneurie* (senhorio) de Montaigne foi cuidadosamente construído durante o século XV e princípios do século XVI, por Raymond, e depois por seu filho, Grimon, e em seguida pelo filho deste último, Pierre, pai de Montaigne. Pierre foi o primeiro da família a assumir a função aristocrática de usar armas, papel tradicional da nobreza, cujos privilégios, tais como o de ser isento de pagar impostos, provinham do serviço militar prestado ao rei. Pierre lutou nas guerras entre França e Itália no início do século XVI, e, depois de retornar da Itália, em 1528, com a idade de 33 anos, casou-se com Antoinette de Louppes (ou Lopez), de outra família rica de comerciantes de Bordeaux, possivelmente de ascendência judia espanhola. Dois anos mais tarde, como seu pai, tornou-se primeiro magistrado e presidente do conselho municipal em Bordeaux, vindo a ascender depois a prefeito, em 1554, posição que Montaigne também viria a ocupar.

Montaigne deixou claro que adorava seu pai, descrevendo-o como "o melhor pai que jamais houve, e o mais indulgente, mesmo com a idade muito avançada". Ele possuía um tipo de vigor excêntrico que a maioria dos pais queridos costumam ter e que os torna um exemplo admirável, mas não intimidante demais, a ser seguido. Fez para si halteres enchendo varas de chumbo e sapatos com chumbo nas solas para tornar-se "mais leve para correr e pular". Mesmo depois dos sessenta era capaz de saltar sobre uma mesa, subir escadas de quatro em quatro degraus e pular para a sela com vestes de pele. Montaigne conta que ele se interessou também, à sua maneira, por escrever. Escreveu um diário sobre seu tempo nas guerras italianas (que Montaigne imitaria em seu diário de viagem à Itália) e tinha também um caderno no qual registrava qualquer ocorrência, por mais trivial que fosse; como ele recorda: "Nossas viagens, nossas ausências; casamentos, mortes; o recebimento de boas e más notícias; a substituição de empregados importantes – coisas desse tipo. Um costume antigo, que acho que é bom reviver, cada um em sua própria casa. E penso que fui um tolo em tê-lo negligenciado."

Sobre sua mãe, Antoinette, Montaigne diz pouco, e seu relacionamento com ela parece ter sido bastante frio. Há evidências da tristeza de Antoinette quanto à distribuição da riqueza da família no testamento dela. E se tem sugerido que Montaigne a achava menos interessante do que seu marido aventureiro, já que vinha de uma linhagem mais mercantil. Mas ela estava viva enquanto Montaigne

Romano. Foi isso que forneceu o "renascer" central da ideia de Renascimento. No cerne do movimento havia uma ênfase no que era conhecido como *studia humanitatis* (gramática, retórica, estudos literários e filosofia moral) em oposição à *studia divinitatis* (teologia e ciências naturais) – de uma maneira muito geral, uma mudança de divindade e lógica para linguagem. Por meio de sua nova destreza linguística, os humanistas buscavam recuperar o passado clássico e explorar essa habilidade retórica e oratória na vida política e diplomática contemporânea.

No coração intelectual do movimento havia a crença de que a linguagem – isto é, a fala – era a característica definidora do ser humano, aquilo que nos distinguia dos animais. Segundo Cícero, "No que os homens mais superam os animais é no fato de poderem falar". Mas a implicação estimulante disso era a de que, ao nos aprimorarmos linguisticamente – por meio de tradução, dos estudos do texto e do comentário sobre textos antigos – podemos nos aprimorar moralmente (em forte contraste com nosso estado espiritual de herdeiros do pecado original). O homem pode, portanto, desenvolver-se, distanciar-se mais ainda dos animais, até mesmo se aproximar da perfeição por meio da busca da eloquência – objetivo central do estudo humanista, que o humanista alemão Johannes Santritter chamou de "rainha de todas as coisas".

A educação de Montaigne reflete, portanto, esse ideal de uma perfeição alcançável pela eloquência. Nas aulas, elc aprendia figuras e tropos da retórica e estudava manuais de como escrever cartas – por exemplo, *De copia verborum ac rerum (Da abundância)*, do humanista holandês Erasmo, que apresentava 195 exemplos de maneiras possíveis de expressar prazer ao receber uma carta: "Sua carta me alegrou demais", "Sua missiva me encheu de inefável alegria",

"Como trevo para as abelhas, ramos de salgueiro para as cabras, mel para os ursos, sua carta é para mim"... e assim por diante.

Depois, os alunos tinham que depurar e reescrever as próprias composições – processo que podemos ver em ação na obra da vida de Montaigne: as constantes e cumulativas versões dos *Ensaios*. E, por meio desses exercícios, os alunos também eram introduzidos na órbita moral e política da Antiguidade, ensaiando em suas aulas as lições clássicas e estoicas formadoras de um homem.

"No entanto, com tudo isso", pondera Montaigne, "era só uma escola." E se mantém consciente das desvantagens desse otimismo cultural temerário em termos das expectativas irreais que ele despertava. Apesar de sua precocidade no latim, ele sentia que ganhara pouco com seus estudos: diz que seu pai não colheu "fruto algum" do investimento que fez por causa do "solo estéril e inadequado" do próprio Montaigne. E, durante os dias de escola, Montaigne se sentia trabalhando arduamente sob um jugo desconfortável de aprendizagem. Ele evidentemente achava a escola bastante tediosa e a deixou com 13 anos de idade. E, num ensaio "Da educação das crianças", censura os estabelecimentos de ensino por suas tendências sádicas – "intoxicadas pela própria raiva" – e critica a "tortura" e o "trabalho árduo" que constituem parte essencial da demolição da vontade indispensável à educação.

Perguntando a si mesmo para o que servia quando mais moço, Montaigne responde: "Para nada." Ele se descreve como o mais desinteressante e o mais lento não só dos irmãos, mas também de todos os garotos da região. E, apesar de sua admiração pelo pai, revela que "ele, que me encarregou de minha casa, predisse que eu iria arruiná-la". A prova disso está no testamento que o pai fez em 1561, nomeando a esposa herdeira de sua propriedade; somente mais tarde, em 1567, o modificou para nomear o filho mais velho. E a aparente ausência de expectativas em relação a Montaigne se demonstra no fato de nossa informação sobre ele se dissipar nos anos imediatamente posteriores à escola, possivelmente ocupados com o estudo de direito em Paris ou Toulouse. Foi salvo por um tio que foi em seu auxílio, assegurando-lhe, em 1554, um cargo na recém-criada corte de Périgueux, que, alguns anos mais tarde, se fundiria com o parlamento de Bordeaux.

2

Porque era ele; porque era eu

Talvez o mais famoso de todos os ensaios de Montaigne seja "Da amizade", que trata de seu relacionamento com Etienne de La Boétie. Durante cinco anos diz que desfrutou da "doce companhia" do amigo; os dias seguintes à morte dele foram "nada mais do que fumaça, nada mais do que uma noite escura e triste".

Montaigne trabalhou no parlamento de Bordeaux durante 13 anos tediosos, tratando principalmente de complexos casos legais cíveis na Chambre des Enquêtes (câmara de petições), e não de casos mais importantes na Grand Chambre (câmara alta). Mas o tédio foi aliviado pelo início da amizade com La Boétie, um colega conselheiro, humanista precoce e autor de um tratado contra a tirania. A amizade deles durou de 1558 até a morte de La Boétie em 1563; no entanto, a dor de Montaigne pela perda do amigo não tem fim. Sua frase mais famosa para descrever a essência da afeição entre eles foi criada entre a época em que começou seus ensaios, em torno de 1572, e seus últimos acréscimos ao texto, cerca de vinte anos mais tarde. Inicialmente, ele escreve: "Se pressionado a dizer por que eu o amava, sinto que isso não pode ser expresso." Mas depois acrescenta a frase: "Exceto dizendo: porque era ele; porque era eu", com cada parte do acréscimo era escrita com uma pena diferente. E isso está de acordo com o padrão de abertura e honestidade emocional crescentes que encontramos nos escritos de Montaigne à medida que estes amadurecem com o tempo. Em 1580, ele descreve o fato de a maioria de suas filhas ter morrido na primeira infância: "Apenas uma única filha escapou desse infortúnio, tem mais de seis anos e nunca foi orientada ou castigada por seus erros de criança."

Mas, voltando a essa linha nos anos anteriores à sua morte, Montaigne insere o nome da filha na sentença: "Apenas Léonor, uma única filha..."

La Boétie influenciou os *Ensaios* de várias maneiras importantes. Ele deixou para Montaigne seus livros e seus escritos, que serviram de base para a biblioteca deste e forneceu um modelo estoico ao qual Montaigne tentou aderir inicialmente. Sua morte criou uma ausência que Montaigne tentou preencher escrevendo. Ele diz que preferiria ter escrito cartas em lugar de ensaios, mas não tinha um destinatário: "Um tipo de relacionamento que me inspirasse, me amparasse e me elevasse, pois não posso falar com o vento." Descansando num *spa* na Itália, cerca de 18 anos depois da morte de La Boétie, Montaigne foi repentinamente tomado de tristeza pelo amigo morto: "E me senti assim durante tanto tempo, sem conseguir me recuperar, que isso me causou muita dor."

Etienne de La Boétie nasceu em 1530 em Sarlat, cerca de cinquenta quilômetros a leste de Montaigne, em Dordogne. Sua família era bem-relacionada: seu pai era assessor do governador de Périgord e sua mãe era irmã do presidente do parlamento de Bordeaux. Órfão muito cedo, foi educado por seu tio, um padre, até entrar na Universidade de Orléans para estudar direito. Foi aluno do futuro mártir protestante Du Bourg e foi provavelmente nessa época que escreveu seu famoso discurso contra a tirania, *Discurso da servidão voluntária*. Foi um tratado provavelmente inspirado pela agitação em torno da repressão às revoltas contra o imposto sobre o sal em Bordeaux, em 1548, mas também contempla futuras ideias do Iluminismo como liberdade natural, fraternidade e libertação da opressão. Os homens são entorpecidos, diz La Boétie, pelo costume e pela ideologia, para aceitar um poder tirânico. Mas, por meio da solidariedade e da resistência passiva, podem conseguir sua deposição. Nesse sentido, o *Discurso da servidão voluntária* constituía-se num antídoto a *O príncipe*, de Maquiavel (1513), que argumentava a favor da necessidade de um governo autocrático para a manutenção do poder. La Boétie, de modo mais idealista, percebe o início do poder e dos direitos do povo: Montaigne diz que La Boétie preferiria ter nascido em Veneza, uma república, a em Sarlat. Embora o texto do *Discurso da servidão voluntária* tenha circulado amplamente – Montaigne diz que o leu antes de conhecer La Boétie –, só foi publicado postumamente, em 1574.

Depois de formado, La Boétie ocupou o cargo de conselheiro no parlamento de Bordeaux, onde seus talentos foram logo reconhecidos. Foi-lhe confiada a missão de peticionar a Henrique II em relação a pagamentos regulares para a corte, e ele se tornou um negociador político respeitado: em Agen, a sudoeste de Bordeaux, conseguiu permissão para que os protestantes tivessem acesso às igrejas quando não estivessem sendo usadas. E, nessa época, também se tornou conhecido como humanista, traduzindo Xenofonte e Plutarco do grego para o francês.

Em 1557, Montaigne ingressou no parlamento de Bordeaux e logo teve conhecimento do futuro amigo, assim como La Boétie teve conhecimento dele, e, quando finalmente se encontraram, Montaigne registrou:

> Buscávamos um ao outro antes de nos conhecermos, por causa de relatos que ambos tínhamos ouvido sobre o outro... E, em nosso

> primeiro encontro, que ocorreu por acaso numa grande festa e reunião da cidade, nos sentimos mutuamente tão cativados, tão familiarizados, tão unidos, que daquele momento em diante nada poderia ser mais próximo do que éramos um do outro...

Logo se tornaram inseparáveis: uma dupla de homens sofisticados, ricos, bem-relacionados; La Boétie até dedicou três poemas em latim ao mais novo, e mais hedonista, amigo, louvando-lhe a "energia impetuosa", mas repreendendo-o por seu desejo sensual.

Mas em agosto de 1563 La Boétie morreu. Sabemos os detalhes de sua morte por uma carta que Montaigne escreveu ao pai contando os últimos dias de La Boétie e que foi publicada no final da edição que ele fez das obras do amigo em 1572.

Na segunda-feira 9 de agosto de 1563, La Boétie caiu doente com dores de estômago, tendo retornado recentemente de uma missão a Agen, a sudoeste de Bordeaux, onde a praga e a agitação religiosa grassavam. Montaigne conta que o havia convidado para jantar, mas, tendo notícia de que seu amigo não estava bem, foi visitá-lo e o encontrou "muito mudado" – com disenteria e cólicas de estômago, e se culpando por ter feitos exercícios no dia anterior vestindo apenas um gibão e uma camisa de seda. Montaigne o encorajou a sair de Bordeaux mesmo assim, pois as casas em torno também estavam infectadas pela praga, e ir para Germignan, a dez quilômetros de distância, para estar com sua irmã, Jeanne de Lestonnac. Além do mais, acrescentou, uma viagem a cavalo às vezes melhora esses sintomas.

No dia seguinte, porém, Montaigne recebeu da mulher de La Boétie a notícia de que havia piorado durante a noite. Ela chamara um médico e um farmacêutico, mas insistia que Montaigne fosse até lá. La Boétie ficou muito feliz em ver o amigo e o convenceu a permanecer em sua casa. Montaigne partiu no dia seguinte, mas voltou para visitar La Boétie na quinta-feira e, mais uma vez, achou sua condição preocupante. La Boétie perdia muito sangue e estava bastante fraco. Montaigne foi embora, mas voltou no sábado e não saiu mais de perto do amigo.

No domingo, La Boétie perdeu a consciência por alguns momentos e quando voltou a si disse que parecia estar em uma "nuvem densa e um nevoeiro espesso", mas não sentia dor. Continuou a piorar e pediu que sua mulher e seu tio fossem chamados ao quarto para que ouvissem o que havia estabelecido em seu testamento. Montaigne disse que isso os alarmaria – e então La Boétie tocou no assunto que rapidamente se tornava impossível de ignorar:

> E então ele perguntou se não tínhamos ficado um tanto assustados com seu desmaio. "Não é nada, meu irmão", eu lhe disse, "esses acidentes acontecem em tais doenças". "É verdade, meu irmão", respondeu ele, "não seria nada, mesmo se acontecesse o que se mais teme". "Para você", respondi, "poderia ser uma coisa boa, mas a perda seria minha, ficando eu privado de um amigo tão grande, tão sábio e tão resoluto que nunca encontraria outro igual".

La Boétie então agradeceu ao tio por criá-lo e disse à mulher que lhe deixara em testamento "parte de meu patrimônio que eu lhe dou, e fique contente com ela, embora seja muito inadequada aos seus méritos".

E depois se dirigiu a Montaigne:

> "Meu irmão", disse ele, "por quem tenho um amor tão completo e a quem escolhi entre tantos homens, pensando em renovar com você aquela amizade virtuosa e sincera que, devido aos vícios da época, tornou-se quase desconhecida para nós e da qual agora só existem certos vestígios em nossa memória da Antiguidade, peço-lhe que aceite, como prova de minha afeição, minha biblioteca... oferta pequena, mas dada de boa vontade e apropriada para você por seu amor às letras. Será uma lembrança de seu velho companheiro".

Montaigne respondeu louvando La Boétie por sua "admirável coragem" e por proporcionar um modelo filosófico que ele prometia imitar "quando chegar a minha vez", tudo o que, insistiu ele, era "o verdadeiro objeto de nossos estudos e da filosofia". Então, La Boétie segurou a mão de Montaigne, dizendo que a morte seria de certo modo uma libertação das aflições da vida, confiante no fato de que encontraria Deus na "morada dos abençoados". Montaigne o descreveu como "uma alma plena de repouso, tranquilidade e convicção", "firme" e cheia de "eloquência" até o fim.

Por fim, porém, a doença o dominou a ponto de terem que abrir-lhe boca à força para fazê-lo beber, e La Boétie perguntou lastimoso, mas estoico: "*An vivere tanti est?*" (A vida vale tanto?). Finalmente, chamou Montaigne, dizendo: "Meu irmão... por favor, fique perto de mim." Mas nesse ponto entra uma nota discordante no relato de Montaigne – talvez os sentimentos verdadeiros e o pânico de um moribundo aterrorizado? La Boétie se torna incoerente, apelando a Montaigne: "Meu irmão, meu irmão, por que você me recusa um lugar?"

Mas então, finalmente:

> Ele começou a descansar um pouco, o que reavivou nossas esperanças, de tal modo que saí do quarto e me regozijei em relação a isso com Madame de La Boétie. Mas, cerca de uma hora mais tarde, pronunciou o meu nome uma ou duas vezes e, depois, soltando um longo suspiro, entregou sua alma às três horas da madrugada de quarta-feira, 18 de agosto de 1563, depois de ter vivido trinta e dois anos, nove meses e dezessete dias.

A carta de Montaigne é um emocionante tributo a seu amigo. Mas a pergunta que surge inevitavelmente é até que ponto havia mais que amizade em jogo – quer dizer, era uma relação platônica ou romântica?

A ideia de que o relacionamento entre os dois homens fosse homossexual não é de modo algum implausível nem necessariamente é o caso: Montaigne acrescenta mais tarde a seu ensaio uma referência a "aquela outra licenciosidade grega... com justiça abominada por nossa consciência", referindo-se à homossexualidade, um crime de que foi acusado um de seus professores, Marc-Antoine Muret, pelo qual foi obrigado a fugir da França. E Montaigne fala da amizade como capaz de abranger tudo em comum: "Vontades, pensamento, opiniões, posses, esposas, filhos, honra e vida." Portanto, sua concepção de amizade não era necessariamente contrária ao casamento, e La Boétie era casado na época em que eram amigos (embora, naturalmente, esse fato por si não exclua um relacionamento entre eles, mesmo que não consumado).

Mas o que nós, leitores modernos, talvez não consigamos reconhecer na intensidade da amizade de Montaigne e La Boétie é a influência das ideias clássicas de amizade, que se originaram em Aristóteles e Cícero, e que viam a amizade como uma relação de importância bem distinta – nas palavras de Aristóteles, a existência de "uma alma em dois corpos". No sentido clássico, a amizade era especial porque estava livre dos interesses investidos na família e no casamento, isto é, não se ganhava nada concreto com ela, tal como bens herdados ou filhos. E essa ideia é frequentemente combinada com um impulso estoico no sentido de que a verdadeira amizade era mais claramente manifestada *depois* da morte, quando a afeição não tinha mais chance de ser correspondida. Os *Emblèmes Latins* (1588) de Jean-Jacques Boissard incluem assim um emblema intitulado "Perfeita é a amizade que sobrevive depois da morte", que mostra dois amigos sentados um de cada lado de uma árvore coberta por uma vinha. Um deles está vestido como um soldado romano, o outro veste a túnica de um moribundo. O texto que o acompanha explica:

> O amigo abraça seu pobre, frágil e desnudo amigo:
> E floresce a afeição onde cresce a aflição;
> É pequena a virtude que assiste à vida
> De uma amizade débil, mas a que permanece
> Igual depois da morte adquire a perfeição.

Mas talvez a representação mais famosa desse ideal humanista de amizade é apresentada no quadro *Os embaixadores*, de Hans Holbein, pintado em abril de 1533, poucos meses depois do nascimento de Montaigne. Jean de Dinteville foi embaixador francês na corte inglesa, e seu amigo Georges de Selve era bispo de Lavour e também um humanista erudito, tendo traduzido *Vidas paralelas*, a série de biografias duplas de Plutarco. O retrato foi pintado durante uma visita de Selve a Dinteville em Londres, pouco antes de partir para assumir o cargo de embaixador em Veneza. Portanto, a pintura, provavelmente encomendada por Selve, era um registro, a despeito da separação iminente, da amizade dos dois, um documento que representava Selve como "*intime ami*" ("amigo íntimo") de Dinteville.

Mas estudiosos têm ficado curiosos com os símbolos de divisão na pintura. Na prateleira inferior há um alaúde com uma corda arrebentada (um símbolo tradicional de discórdia), algumas flautas (associadas à guerra), um globo terrestre centrado em Roma e, em oposição a ele, uma cópia do hinário luterano; um compasso e um livro de matemática, *Uma nova e completa instrução sobre todos os cálculos mercantis*, de Peter Apian, de 1527, aberto num verbete sobre divisão.

Portanto, o que a pintura parece expressar é que a amizade humana tem o poder de se elevar acima dos conflitos sociais e políticos – e aqui somos lembrados das tensas negociações em torno do divórcio de Henrique VIII, negociações de que Dinteville, como embaixador, teria estado bem ciente. E talvez não seja por acaso que historiadores de arte têm interpretado as duas figuras como em pose quase marital: a amizade masculina humanista vista como capaz de transcender os problemas e a rivalidade do casamento.

Mas essa mensagem torna-se mais complicada com a presença dos relógios astronômicos sobre o móvel. Quando observados em detalhe, percebe-se que apresentam horas contraditórias: o mostrador em forma de coluna registra nove da manhã de 10 de abril ou três da tarde de 15 de agosto; o mostrador em forma de poliedro e o globo celeste mostram dez e meia da manhã e duas e quarenta da tarde, respectivamente, o que sugere que, apesar de nosso desejo instintivo de ver a pintura como o registro de uma ocasião e um lugar específicos, como se fosse uma fotografia, ela tem de fato um significado muito mais ambicioso. O que começamos a perceber é que Jean de Dinteville e Georges de Selve nos olham *de fora do tempo.*

Dinteville e Selve, portanto, são retratados nas verdadeiras cores da vida após a morte; sua amizade se eleva acima da divisão política e religiosa, mas também vai além da própria morte. E é isso que ajuda a explicar o estranho crânio anamorfótico situado na parte inferior do quadro. Tradicionalmente, um crânio seria incluído num quadro para representar a efemeridade da existência humana, mas, aqui, essa mensagem é invertida: é a amizade de Dinteville e Selve, que é mais real, mais duradoura do que a morte, consequentemente a própria morte se torna efêmera – como se passasse em velocidade pelo plano da pintura. Desse modo, o mundo mortal existe em outra dimensão, quase como se pertencesse a uma pintura diferente que se inclinasse sobre esta (algo que um pintor requisitado como Holbein deve ter visto muitas vezes). E, se olharmos mais detidamente para o quadro, logo perceberemos uma falta geral de pontos de apoio: o chão desaparece na escuridão do espaço; a cortina revela apenas um crucifixo na parte superior esquerda. A única coordenada segura é a amizade entre Dinteville e Selve, que os une através dos vastos espaços da eternidade. Quando nos olham a partir de sua perspectiva imortal, não podem mais discernir o crânio na parte inferior do quadro: não podem mais ver a Morte (e, naturalmente, a ironia sombria do quadro está em que, à medida que lentamente abaixamos nossas cabeças em direção ao chão, nós podemos vê-la).

~

A carta em que Montaigne descreve a morte de La Boétie, portanto, representa um retrato duplo similar ao de Holbein, destinado a captar o sentimento de determinação cristã e estoica compartilhado por Montaigne e La Boétie: de amizade aperfeiçoada pela morte. E, depois da morte de La Boétie, Montaigne cumpre um dos papéis tradicionais da amizade – completar a obra de seu amigo, generosa e estoicamente, mandando publicar as *Oeuvres* (*Obras*) de La Boétie, os produtos finais de seu talento humanista.

Mas a pergunta que permanece é se tal tributo humanista pode realmente compensar a perda física de um amigo, algo que o quadro de Holbein antecipa, mas não enfrenta; e talvez seja o sentimento que rompe a determinação estoica de La Boétie em seu apelo final desesperado para que lhe seja assegurado "um lugar". O retorno contínuo e angustiado de Montaigne à lembrança do amigo sugere um desconforto com esse credo humanista. E em seu ensaio "Da amizade", iniciado poucos anos depois que essa carta foi publicada pela primeira vez e aproximadamente dez anos após a morte de La Boétie, Montaigne menciona os discursos "débeis e sem força que a severa Antiguidade legou sobre o assunto". Aqui, em vez de simplesmente prestar tributo a La Boétie em palavras, Montaigne anuncia sua intenção de reeditar o *Discurso da servidão voluntária* junto

com seus próprios ensaios, na parte central de seu primeiro livro, deixando de lado precedentes literários e se comparando a um pintor:

> Considerando o modo como um pintor que contratei planejava seu trabalho, tive o desejo de imitá-lo. Ele escolhe o melhor lugar, no centro de cada parede, para situar um quadro que elabora com toda a sua habilidade; e o espaço à volta ele preenche com elementos grotescos – quer dizer, com pinturas fantásticas cuja atração reside em sua variedade e estranheza.

> E o que são estes ensaios realmente senão corpos grotescos e monstruosos, unidos a partir de membros variados, sem uma forma definida, sem ordem, lógica ou proporção que não sejam fortuitas?... No segundo aspecto acompanho meu pintor, mas falho na outra e melhor parte: minha capacidade não é tanta que eu ouse tentar fazer uma pintura intensa, acabada e modelada de acordo com a arte. Ocorreu-me pedir emprestada uma de Etienne da La Boétie, que dignificará o restante desta obra.

O discurso do humanismo cristão de La Boétie em certo sentido celebrava a ausência – a "pureza" da amizade emergindo de sua falta de laços familiares, matrimoniais e físicos. Mas aqui é exatamente a convergência física dos dois textos que parece interessar a Montaigne – menos o sentido de duas almas em um corpo que o de dois corpos se encontrando em um livro. Aqui a presença clássica de La Boétie lança um brilho sobre Montaigne, e Montaigne se volta para seu amigo, apresentando-o como se estivesse ali em pessoa: "Ouçam agora este rapaz de 18 anos..."

Mas no último minuto a política desagregadora do século XVI se impôs entre eles. Em 1578, quando Montaigne estava prestes a levar o livro para a gráfica, o ministro huguenote Simon Goulart incluiu o *Discurso da servidão voluntária* em suas *Memórias do Estado da França sob Carlos IX*, uma coleção de panfletos antimonarquistas, e, ao colocar o *Discurso* junto com eles – "misturando-o com seus próprios rabiscos", como diz Montaigne –, efetivamente reivindicou La Boétie como um dos seus. Em 7 de maio de 1579, o parlamento de Bordeaux ordenou que as *Memórias* fossem queimadas. Montaigne pareceu não ter outra opção senão se distanciar do texto do amigo, negando-lhe um lugar e substituindo-o por uma seleção dos sonetos de La Boétie. Mas, para marcar sua ausência, no lugar em que as palavras de La Boétie deveriam se seguir às suas, Montaigne inseriu um divisor: três frias e distantes estrelas de cinco pontas marcando a fria e irreparável distância de sua perda.

Como mãos que se estendem, mas nunca se tocam, elas simbolizam o pessimismo final de "Da amizade", que termina a anos-luz de distância do otimismo humanista de Holbein, Dinteville e Selve. Inicialmente, Montaigne tenta se agarrar a esse sentido de estoicismo cristão, mas o vê escorrer pelos dedos: é como se a pintura de Holbein fosse torcida e cortada para revelar o crânio em seu coração. E, em 1580 e nas edições subsequentes dos *Ensaios*, a ontologia otimista de Holbein parece ser invertida: a morte e a divisão estão novamente em ascensão. La Boétie é não apenas um amigo perdido, mas também um mundo perdido – ele era "um dos de cunho antigo". E olhando para trás, para sua criação entre os antigos – Lúculo, Metelo e Cipião –, Montaigne conclui que, no fim, apesar de sua fama histórica, como seu amigo Etienne,

> Eles estão mortos. Da mesma forma, na verdade, está meu pai, tão absolutamente morto como eles e distante de mim e da vida por dezoito anos, como estão por mil e seiscentos.

E, como para confirmar o frio inóspito do universo, Montaigne posteriormente conta como o matemático Jacques Peletier, autor do tratado *Sobre o encontro das linhas* (1579), lhe descreveu a solidão cósmica de uma curva assintótica, buscando uma linha que nunca encontrará:

> Ensinaram-me que, em geometria (que pensa ter alcançado um ponto alto de certeza entre as ciências), podem se encontrar demonstrações irrefutáveis que subvertem a verdade da experiência: como Jacques Peletier me contou em minha casa, ele havia descoberto duas linhas que caminham em direção uma da outra como que para se encontrar, mas provou que elas nunca se tocariam, nem mesmo na eternidade...

Voltando a "Da amizade", diante da ampliação da distância de sua perda, parece que Montaigne pode fazer pouco além de se apoiar no débil conforto de sua pena: "Porque era ele; porque era eu."

3

Pular ou se abaixar ao disparo de um arcabuz

Nos anos seguintes à morte de La Boétie, a vida de Montaigne fluiu por margens e canais de sua inclinação natural. Em setembro de 1565, casou-se com Françoise de La Chassaigne, de importante família de Bordeaux: o pai dela foi conselheiro e, mais tarde, presidente do parlamento de Bordeaux. Montaigne, por sua vez, trabalhou incansavelmente como conselheiro, embora não tenha conseguido uma promoção para a corte superior. E embarcou num projeto acadêmico, traduzindo, a pedido de seu pai, a *Teologia Natural, ou Livro das Criaturas* a, do teólogo medieval Raymond Sebond.

Mas, em 18 de junho de 1568, no mesmo dia em que Montaigne dedicava, em Paris, a tradução de Sebond a seu pai, este morreu. Ao receber a notícia, Montaigne retornou ao castelo e, com seus irmãos, supervisionou o cumprimento do testamento do pai. E, em abril de 1570, Montaigne renunciou a seu cargo no parlamento de Bordeaux para tomar posse de sua herança – o título de Seigneur de Montaigne. O regresso à casa, entretanto, foi marcado pela tragédia, com a morte, naquele verão, de sua primeira filha, Thoinette.

Talvez para se distrair, Montaigne voltou sua atenção para a torre no canto sudeste do castelo – antes "a parte mais sem utilidade da casa" –, transformando-a numa biblioteca – "uma das mais belas do campo" –, carregando os livros de La Boétie pelas escadas e arrumando-os em prateleiras:

> Fica no terceiro andar de uma torre. No primeiro (o térreo) fica minha capela; no segundo, um cômodo para dormir com quarto de vestir, para onde frequentemente me retiro para estar só. Acima dele há

> uma sala ampla... Ali passo a maior parte dos dias de minha vida e a maioria das horas do dia. Nunca estou lá à noite. Junto à biblioteca há um pequeno escritório bem-arrumado com uma lareira para o inverno, muito agradável quando acesa... Minha biblioteca é circular, o único lado reto sendo o necessário para a minha mesa e minha cadeira, e sua forma circular me proporciona uma visão dos meus livros, arrumados em cinco prateleiras em toda a volta. Tem três janelas com vistas magníficas e sem obstáculos e dezesseis passos de diâmetro. No inverno, não vou lá com tanta frequência, porque minha casa fica sobre um morro, como seu nome indica, e nenhuma parte dela é tão exposta quanto essa, de que eu gosto por ser de acesso bastante difícil e um pouco fora de mão, ambos em benefício do exercício, e porque lá posso deixar os negócios de lado.

Ali ele dormia com frequência, ouvindo o sino do ângelus, todo amanhecer e entardecer, com um repique tão ensurdecedor que no início pensou que não fosse capaz de aguentar, mas que, depois de algum tempo, "eu o ouço sem me incomodar, e, muitas vezes, sem acordar".

Mas, ao se retirar para sua casa e se cercar de textos de autores da Antiguidade, Montaigne também estava repetindo um ideal clássico, o do estadista romano que troca a vida ativa no senado por sua *villa* no campo, substituindo *negotium* (assuntos públicos) por *otium* (lazer). Entretanto, só a leitura não bastava para Montaigne. E, em seu ensaio "Do ócio" – provavelmente o primeiro que escreveu – ele dá voz à frustração que tal inatividade pode trazer:

> Recentemente, tendo me retirado para minha casa, determinado, tanto quanto possível, a não me preocupar com nada exceto em viver

> o pouco que resta de minha vida em isolamento e repouso, pensei que nada poderia ser mais benéfico para minha mente que deixá-la se entreter como bem entendesse, e, assim, descansar e assentar, o que eu esperava que ela pudesse fazer mais facilmente à medida que se tornasse, com o tempo, mais ponderada e madura. Mas, ao contrário, descobri – *Variam semper dant otia mentem* [O ócio sempre produz pensamentos errantes (Lucano)] – que, pelo contrário, como um cavalo fujão, a mente cria cem vezes mais problemas... e inventa quimeras e monstros fantásticos, um depois do outro, sem ordem ou projeto; e, então, no sentido de refletir sobre sua estupidez e estranheza no ócio, comecei a pô-los em palavras, esperando, com o tempo, fazer minha mente se envergonhar de si mesma.

Evidentemente, uma vida de puro lazer não servia para Montaigne, que era bastante inquieto, cujas pernas e pés, diz ele, dançam "como mercúrio". Nem o agradavam os aborrecimentos com a administração de sua propriedade. Ele já havia feito tentativas como editor e tradutor; portanto, escrever lhe pareceu uma ocupação adequada e nobre. A torre lhe dava certa liberdade quanto às pressões domésticas, e a leitura lhe fornecia exemplos do tipo de coisa que poderia fazer – coleções de citações e parábolas dos clássicos que difundiam a cultura humanista, tais como os *Colóquios* e *Adágios* de Erasmo, mas, mais recentemente, a tradução de *Moralia*, de Plutarco, por Jacques Amyot, em 1572 – de modo semelhante, indagações discursivas sobre ampla variedade de temas.

Mas, como novo chefe de sua casa nobre, Montaigne também havia se tornado membro da *noblesse d'épée* (nobreza de espada), cujos privilégios e sentimento de honra se derivavam da guerra – como ele diz: "A apropriada, a única, a essencial, forma de nobreza na França." Mas guerrear era uma ocupação cara, não necessariamente acessível aos recursos mais paramedianos de Montaigne. (Na verdade, seu serviço militar ativo – esteve nos cercos de La Fère e Rouen, embora não se saiba ao certo com que potência – parece não ter tido destaque.) Escrever, portanto, se apresentou como uma forma alternativa de avanço em relação ao serviço militar. Mas Montaigne não podia abandonar assim tão facilmente seu apego às tradições da nobreza e, com elas, a memória de seu pai. Então, quando se sentou e começou a "se meter a escrever", Montaigne tentou dar a ambas, armas e letras, o que lhes era devido, voltando sua atenção para a guerra.

Os ensaios iniciais de Montaigne se caracterizam por sua obsessão com planos e táticas de batalha, arcabuzes, lanças e generais do passado. Escreve um ensaio comparando "armas antigas com as nossas" que, infelizmente, é roubado por um criado. Mas podemos intuir onde recaem as simpatias de Montaigne quando ele descreve o impressionante poder da lança flamejante ou *phalarica* dos romanos, ou a habilidade deles com o dardo, trespassando juntos vários homens armados, como num espeto de churrasco. Em contraste, ele vê a pistola, apesar de seus estrondos, como "uma arma de efeito muito restrito, e espero que algum dia possamos nos livrar dela".

Em sua maneira de tratar a guerra, Montaigne se aproxima de um dos princípios dos estudos humanistas, a ideia de que o passado guarda lições [illegible] presente, ou como Cícero colocou em citação famosa: "Históri[illegible]essora da vida." Assim, a mais longa sentença dos *Ensaios*, est[illegible]do-se por mais de uma página e meia, é de elogio a Alexandre, [illegible]aior e mais experimentado capitão do mundo". E Montaigne p[illegible]segue, inspecionando o equipamento dos antigos com admiração. [illegible]escreve a armadura tecida dos persas, que parecia de penas, e conta [illegible]ue algumas nações tinham capacetes feitos de cortiça. Conta que a armadura de César era multicolorida e que Alexandre, o Grande, ocasionalmente dispensava a armadura. Em contraste, a armadura dos gauleses antigos era tão pesada que não lhes era possível ferir ou ser feridos, e, se caíssem, não conseguiam mais levantar. E, voltando aos dias atuais, Montaigne condena a moda entre a nobreza de deixar tudo para o último minuto:

> É um costume lamentável e efeminado da nobreza de nosso tempo não colocar a armadura até o momento da mais extrema necessidade e tirá-la novamente tão logo haja qualquer sinal de o perigo haver passado. Isso resulta em muita confusão. Porque, com todo mundo gritando e correndo para pegar as armas quando já deveria estar atacando, alguns ainda estão amarrando suas couraças enquanto seus companheiros já estão a caminho... Nossas tropas hoje em dia estão muito confusas e sobrecarregadas com uma barafunda de bagagem e criados que não podem separar-se de seus senhores porque carregam suas armas.

Montaigne pondera sobre a conclusão lógic[illegible]da essa confusão – a de que um cavalo poderia acabar t[illegible]e carregar 35st* de cavaleiro, armas e armadura – e pr[illegible]a invenção do tanque: "Agora que nossos arcabuzeiros est[illegible]om tanto crédito, presumo que alguém vai criar alguma inven[illegible] para nos aprisionar para nossa segurança, e nos levará para [illegible]guerra em castelos, como aqueles com que os antigos carregav[illegible]n seus elefantes."

Nesses primeiros ensaios, portanto, Montaigne desfere uma nota estoica, que se alinha com o credo marcial ao qual se sentia ligado. Nele, a guerra era vista com um objetivo essencialmente nobre, no qual a fidelidade estoica se manifestava pela capacidade de suportar valentemente a dor. Assim, ele relembra o desafio dos antigos florentinos que tocavam um sino chamado Martinella para informar a seus inimigos sobre suas intenções bélicas, e do sangue-frio cavalheiresco do capitão Bayard – o Cavaleiro sem Medo e sem Jaça – que pediu que o firmassem contra uma árvore e o deixassem morrer de frente para o inimigo. E Montaigne denuncia todas as formas de trapaças na guerra, tais como a de Cleomenes, que matou seu inimigo no escuro durante um cessar-fogo, dizendo que a trégua de sete dias com a qual havia concordado não mencionava as noites.

Mas o que logo emerge dos escritos de Montaigne é uma tensão entre esse *code d'honneur* e a realidade da batalha do século XVI, pois o que Montaigne prevê é a morte de uma cultura marcial nobre diante do que foi chamado de uma "revolução" na guerra

* st (abreviatura de "stone", pedra em português) é uma medida de peso do Reino Unido, proibida em 1985 pela Ata de Pesos e Medidas, cujo valor é variável, mas que costuma equivaler a 14 libras, ou seja, a 6,35kg. Assim, o cavalo teria de carregar cerca de 220kg. (N.T.)

o advento desse "maldito instrumento" sem o qual "muitos homens bravos não teriam sido mortos pelas mãos de gente mais fraca e covarde que eles". Relembra como, durante o cerco de Rabastens, "um tiro de arcabuz atingiu o meu rosto", penetrando-o e deixando seu osso malar em pedaços. No entanto, Rabastens foi tomada e a fizeram pagar:

> Meu tenente... veio ver se eu estava morto e me disse: "Senhor, anime seu espírito e regozije, nós entramos no castelo, e os soldados os estão atacando e passando todos a fio de espada, e eu lhe asseguro que iremos vingar o seu ferimento." Então eu lhe disse: "Bendito seja Deus por ter me feito saber antes de morrer que a vitória é nossa. Agora não me importo mais com a morte. Suplico que volte, e, como meu amigo que sempre foi, faça por mim agora este ato de amizade: não deixe um só homem escapar com vida."

Não sabendo quem havia puxado o ignóbil gatilho, Monluc, portanto, mandou matar a todos. A proporcionalidade tradicional da guerra como esporte de contato – olho por olho, dente por dente – parecia estar no fim.

Uma ilustração do livro *Fieldbook of Wound Surgery* (Livro de campo de cirurgia de ferimentos) de Hans von Gersdorff, de 1528, ajuda a comunicar essa sensação dos horrores impessoais, arbitrários, da guerra no século XVI. O homem ferido de Gersdorff, embora ainda de pé, mostra os tipos de trauma recebidos no campo de batalha. Ele assume uma pose anatômica clássica, mas tem uma aparência nitidamente destroçada pela guerra. Mas o que é interessante é a distribuição de seus ferimentos. As armas manuais atingiram seus

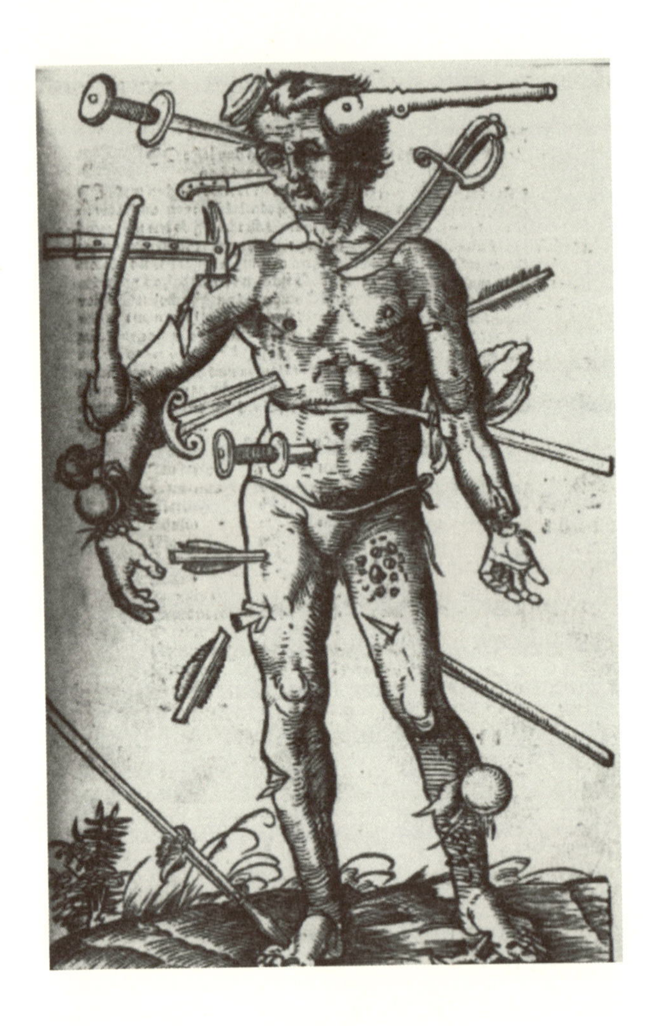

alvos: a espada penetrou seu dorso, a clava e os punhais martelaram e o perfuraram em torno da cabeça. As flechas têm efeito variado, uma delas o atingiu bem no peito, outra penetrou sua coxa. Mas, quanto às armas de fogo, a distribuição é bem menos precisa. A coxa está salpicada de tiros: um ferimento feio, mas não necessariamente fatal; e dois projéteis de artilharia lhe atingiram as extremidades com efeito devastador, mas a alguma distância de seus órgãos vitais. A moral parece ser que o poder de fogo traz consigo uma força destrutiva terrível, embora esteja muito mais sujeita ao acaso. Tudo depende de onde acontece de se estar na hora.

É esse mundo impessoal, aleatoriamente cruel, que Montaigne confronta em seus *Ensaios*. Para ele, a introdução das armas de fogo representa um aumento exponencial da imprevisibilidade na guerra – menos campo de provas para a nobreza e mais um jogo de roleta-russa. Olha para trás com nostalgia para os antigos gálatas, que abandonaram "armas voadoras desleais", e admira a recusa de Alexandre em atirar sua lança em Orodes, que fugia, preferindo encontrar seu inimigo de "homem para homem".

E leva o assunto a um clímax perguntando se é melhor pular ou se abaixar, ou simplesmente ficar parado, para evitar um tiro de arcabuz. Relata que, durante a invasão da Provença por Carlos V, em 1536, o marquês de Guast foi avistado saindo de trás de um moinho de vento. Um atirador covarde fez pontaria com uma colubrina,* mas o marquês viu o estopim aceso e pulou para o lado, e o tiro atravessou o ar no lugar exato onde estivera. No entanto, durante o cerco de Mondolfo em 1517, Lorenzo de Médici viu a faísca de uma arma apontada para ele e, ao contrário, optou por se abaixar – dessa vez o tiro apenas lhe roçou o topo da cabeça. Entretanto, Montaigne observa que, dada a imprecisão das armas de fogo do século XVI, especialmente a certa distância, essas medidas evasivas

* Arma de fogo antecessora do mosquete. (N.T.)

poderiam facilmente colocar alguém ao alcance da bala: "A sorte os favoreceu em seu sobressalto, mas, em outra ocasião, o mesmo movimento poderia colocá-los em perigo da mesma maneira como os salvou dele."

Mas, para Montaigne, essa imprevisibilidade também tem certo número de implicações. Em primeiro lugar, mina a ideia da predestinação protestante – tudo fica muito mais aberto ao acaso, uma arbitrariedade que ele enfatiza no ensaio que coloca no início de sua obra: "Por meios diversos chegamos ao mesmo fim." Mas, em segundo lugar, traz uma lição moral. Em *O Príncipe* (1513), o manual de realpolitik mais famoso do século XVI, Nicolau Maquiavel havia argumentado que um governante poderia manipular a sorte por meio do exercício da *virtù*, uma determinação cruel na qual a moralidade cristã não tinha participação. No entanto, para Montaigne, os armamentos modernos zombam de tais esforços, especialmente quando o exercício da *virtù* – tentar pular fora da trajetória – pode, do mesmo modo, facilmente jogar alguém na linha de fogo. Igualmente para os que disparam as armas, mirar significa pouco mais do que um tiro no escuro:

> É claramente perceptível que podemos confiar mais na espada que seguramos do que na bala que escapa da pistola, na qual agem muitos fatores – a pólvora, a pedra e a roda –, e, se o menor deles falhar, fará com que a nossa sorte também falhe.

A inconstância da pólvora mina, portanto, até mesmo o melhor plano de batalha. Montaigne registra que, durante o cerco de Arona, parte do muro se explodiu e caiu de novo sobre suas fundações de maneira tão precisa que "os sitiados não ficaram de modo algum em pior situação". E era sabido que, nas táticas de artilharia, com frequência o tiro podia sair pela culatra. Jaime II, da Escócia, morreu quando um de seus canhões explodiu. Fagulhas esparsas podiam inflamar o barril de pólvora da própria pessoa ou de seus companheiros. E, durante a tentativa malograda de assassinato do príncipe de Orange em 1582, o assassino perdeu o polegar quando sua pistola, carregada demais, explodiu, o que fez com que fosse preso e morto. Contra Maquiavel, Montaigne reconhece que, nessa nova era de armamentos, "eventos e consequências, especialmente na guerra, dependem, em sua maioria, da sorte" (uma palavra cuja ubiquidade nos *Ensaios* deixou Montaigne em apuros com o censor papal pela sugestão de um limite para a divina providência). Até mesmo nossa "razão e previsão", "nossos conselhos e cálculos" – isto é, nossa suposta *virtù* – não estão isentos, sendo constituídos de "um grande elemento de casualidade".

Mas, com esse senso de arbitrariedade, a ligação entre moralidade e sucesso militar também se dilui, e, como resultado, Montaigne começa a lidar com um conjunto diversificado de questões. Em "Por meios diversos chegamos ao mesmo fim", coloca, então, um dilema que confundiria até mesmo Maquiavel. O que fazemos quando nos encontramos à mercê de uma força conquistadora – isto é, o que fazemos quando todas as nossas tentativas de superar o acaso falharam? E aqui ele reconhece que, ao favorecer o bravo, a sorte persegue outros. Pergunta se, portanto, por vezes não é melhor fugir que resistir estoicamente e escreve ensaios sobre o medo e a covardia, certamente os aspectos mais comuns da guerra, mas os menos discutidos. Conta que o rei de Navarra, no século XII, tremia tanto antes de entrar numa batalha que ficou conhecido como "Garcia, o Tremedor", o que não quer dizer que Montaigne não guarde certa afeição pela vida militar. Até a elogia por sua variedade e camaradagem:

> Há um prazer na companhia de tantos homens – homens nobres, jovens, ativos... na liberdade daquela conversa natural, no modo de vida viril e sem cerimônia, na variedade de mil ações diferentes, na harmonia corajosa da música marcial que aquece e excita os ouvidos e a alma... O grupo transmite confiança até às crianças.

Mas, aos primeiros disparos da artilharia, essa cordialidade se estilhaça, e Montaigne se sensibiliza com o terror solitário do soldado moderno, confrontado com seu igualmente aterrorizado oponente:

> Você vê este galgar as ruínas de um muro, frenético e fora de si, alvo de muitos tiros de arcabuz; e o outro, todo marcado de cicatrizes, fraco e pálido de fome, e ainda assim determinado a antes morrer que abrir os portões para o primeiro; você pensa que eles estão ali por si mesmos? Não, estão em nome de alguém que nunca viram e que não tem preocupação alguma com o destino deles...

Tendo testemunhado ação militar, Montaigne entende a barbaridade arbitrária da guerra moderna: homens "golpeados e em pedaços... suportando a retirada de uma bala do meio de seus ossos estilhaçados". Homens gritando por causa de "cauterização e exame de ferimentos". Pouco surpreende ele se confessar alarmado quando "tiros de arcabuz trovejam em meus ouvidos de repente, e num lugar onde eu menos esperaria por isso" – coisa que pode dar a seus companheiros soldados "motivo para rir", mas que também tem um custo humano: a perda de um "irmão querido", morto não por lhe faltar coragem, mas simplesmente por "uma bala infeliz". Para Montaigne, o inimigo não é só o oponente, mas a aleatoriedade indiscriminada da guerra supervisionada não por Marte de couraça, mas por Fortuna, com os olhos ardendo na nuvem de fumaça das armas e cujo "relâmpago e trovão de... canhão e arcabuzes", observa, "são suficientes para amedrontar o próprio César".

Em 22 de agosto de 1572, pouco depois de comparecer ao casamento de Margarida de Valois e Henrique de Navarra, o líder protestante Gaspard de Coligny estava andando na rua e se abaixou para ajeitar o laço dos sapatos. Naquele momento um tiro de arcabuz lhe arrancou o dedo indicador da mão direita e outro lhe rasgou o braço esquerdo, estilhaçando seu cotovelo. Seu quase assassino, disparando de uma janela com visão para a rua, tinha errado o alvo, e o que foi planejado como um ataque independente ricocheteou com consequências desastrosas.

O casamento havia sido arranjado como uma tentativa desesperada de sanar as divisões dinásticas e religiosas da época (Margarida era irmã de Carlos IX), mas, com Coligny ferido, a liderança huguenote (isto é, protestante) resolveu ficar em Paris em vez de fugir, despertando temores de uma iminente revolta huguenote. E, num encontro à meia-noite do dia 23, no Louvre, Carlos decidiu matar toda a liderança huguenote – incluindo Coligny, que estava de cama, em tratamento. A matança de protestantes que se seguiu

– que ficou conhecida como o Massacre do Dia de São Bartolomeu – espalhou-se até Toulouse, Rouen e Bordeaux, eliminando cerca de 10.000 protestantes e dando ao mundo uma nova palavra, "massacre" (açougue em francês arcaico), que Montaigne acrescenta à edição final de seu texto.

Foi o mais notório incidente das guerras religiosas francesas, que se estenderam de 1562 a 1598, e por metade da vida adulta de Montaigne – período no qual descreveu seu país como um "estado perturbado e doente", pois agora a guerra era uma questão de religião, travada dentro dos países, não entre eles, dividindo cidades, ruas e casas; um conflito não muito diferente da divisão da antiga Iugoslávia em nossos tempos. Em sua própria região, a Gasconha, Bordeaux era católica convicta. No entanto, Bergerac, subindo o rio Dordogne, era um baluarte protestante, conhecido como a Genebra francesa. Montaigne estava encravado entre as duas.

A origem dessa violência religiosa foi o desafio da Reforma ao domínio do ocidente cristão pela Igreja Católica. Martinho Lutero perturbou o *status quo* da religião na década de 1520 ao provocar o papa a respeito da venda de indulgências. Mas agora as coisas tinham piorado perigosamente, empurrando a França para o que o historiador e estadista Pierre Daunou chamou de "o século mais trágico de toda a história".

As raízes teológicas do conflito consistiam na extensão pelos reformadores de técnicas humanistas de exegese textual dos textos da Antiguidade para as escrituras. Humanistas cristãos como Erasmo entendiam que a Palavra de Deus havia sido abafada por séculos de comentários escolásticos e precisava voltar à fonte – *ad fontes* –, às expressões originais do Cristianismo, facilitadas por novas traduções das escrituras do hebreu e do grego. A finalidade humanista de aprimoramento linguístico e moral adquiriu, então, dimensão religiosa, fundindo os objetivos de perfeição moral e espiritual.

Reformadores como Lutero foram além, entretanto, insistindo que, com a invenção da imprensa, a Bíblia deveria ser traduzida do latim para a língua vernácula e transformada no centro autojustificativo do Cristianismo – *sola scriptura*. O substantivo escrituras, no plural – dispersas por toda parte em várias versões –, foi fundido no substantivo singular Bíblia (literalmente, o livro). E a dificuldade e obscuridade do texto bíblico – que a Igreja já havia usado para justificar sua circulação restrita – tornou-se para Lutero um exercício de esclarecimento espiritual, quando se passava da letra ao espírito da Palavra de Deus: do analfabetismo bíblico à iluminação. Surgia uma forma de religiosidade nova, vernacular, tomando a Bíblia, em lugar do padre, como seu foco e meditando sobre a injustiça do domínio papal proveniente de Roma.

O que aumentou o divisionismo da Reforma, entretanto, especialmente na França, foi o tom maior dado por João Calvino à mensagem de Lutero. Lutero havia defendido a reforma das práticas não justificadas pela Bíblia e exploradas por Roma, tais como a venda de indulgências. Contudo, sua teologia não estava inteiramente divorciada da prática tradicional católica: ele não se opunha ao uso de imagens ou de música na igreja e acreditava que o corpo de Cristo estava de algum modo ainda presente na Eucaristia.

Mas a teologia de Calvino se caracterizava por uma mentalidade mais discordante, sem dúvida influenciada pela leitura dos estoicos (sua primeira obra publicada foi um comentário sobre Sêneca).

Para Calvino, como para os estoicos, virtude e vício não se misturavam, e também não se misturava a Palavra de Deus com as práticas tradicionais do Catolicismo. Desenvolveu-se, então, uma consciência teológica altamente teorizada que parecia detectar hipocrisia para onde quer que olhasse, e Calvino perguntava em seu comentário sobre Sêneca:

> Não existem também, em nossos tempos, *homens monstruosos, exsudando vícios internos,* e, no entanto, mostrando a aparência externa, a máscara, de retidão? *Mas eles derreterão como cera* quando *a verdade, filha do tempo*, se revelar. Deixemos que vendam como quiserem espetáculos contritos de piedade para o público. O tempo há de vir em que *aquele que vendeu fumaça perecerá pela fumaça.*

A Reforma, então, tornou-se uma batalha não só sobre o poder religioso, mas também sobre os critérios básicos da verdade religiosa. E, em assim sendo, antecipou e exacerbou o sectarismo intrínseco da política francesa do século XVI. As linhas de intolerância religiosa foram se estabelecendo; eram necessárias apenas ambições divergentes de diferentes facções políticas para produzir a fagulha.

O barril de pólvora para essas diferenças teológicas foi fornecido pelo atropelo de várias alianças aristocráticas concorrentes. Os protestantes se aliaram com a linha dos Bourbon, liderada por Henrique de Navarra, seu primo Henrique, príncipe de Condé, e Gaspard de Coligny, da família Châtillon. As forças católicas eram lideradas pela família Guise, chefiada por Henrique de Guise, que supervisionou a execução de Coligny e de seu tio, o cardeal de Lorraine. A família real tentou manter a paz entre esses interesses rivais, mas falhou espetacularmente, tendo tido seu poder fatalmente enfraquecido com a morte acidental de Henrique II, atingido através do visor de seu capacete por uma lança quebrada em um torneio em 1559. Seus filhos eram menores, e a França passou a ser governada por um conselho regente encabeçado pela mãe deles, Catarina de Médici.

Em 1551, Sebastião Castellio – um dos primeiros proponentes da liberdade de consciência – viu a tempestade se aproximar e, na dedicatória de sua Bíblia em francês para Henrique II, descreveu a escuridão que estava se tornando muito visível:

> Quando a noite desce sobre o campo de batalha, os combatentes esperam o dia para evitar que, por acaso, amigos sejam mortos em lugar de inimigos, pois é preferível poupar nossos inimigos a matar algum de nossos amigos. Do mesmo modo, também durante o dia, quando se inicia o combate corpo a corpo, a artilharia cessa com medo do acima citado infortúnio. Gostaria aqui de apontar uma conclusão moral, se Vossa Majestade me ouvir. O mundo hoje está envolvido num grande distúrbio, principalmente no tocante à questão da religião. Nunca houve tantas calamidades e males, a partir dos quais podemos bem perceber a noite da ignorância... se fosse dia, não haveria nunca tantas opiniões diversas e até mesmo contrárias sobre a mesma cor. Ou, se é dia, pelo menos o bem e o mal em matéria de religião estão tão confusos que, se alguém deseja desembaralhar aqueles que estão em desacordo quanto à verdade, corre o perigo de arrancar o trigo junto com o joio... Acredite-me, Vossa Majestade, o mundo hoje em dia não está melhor nem mais sábio nem mais esclarecido do que antigamente. Seria melhor, portanto, em vista de tanta dúvida e confusão esperar o amanhecer,

> ou até que as coisas estejam mais desembaralhadas, antes de atirar, para que no escuro ou na confusão não façamos aquilo que depois tenhamos que dizer: "Não tive intenção."

Entretanto, o liberalismo paciente de Castellio estava fatalmente fora de sintonia com a época. Ele foi perseguido por Calvino e morreu pobre e no ostracismo. E, em 1562, depois de um massacre de protestantes em Vassey, Champanhe, a guerra civil estourou na França, trazendo consigo exatamente a noite de ignorância que Castellio antevira.

A primeira carta que Montaigne escreveu e que sobreviveu data desse mesmo ano, e foi a Antoine Duprat, preposto do rei em Paris, contando-lhe sobre a violência religiosa que havia eclodido na região. Relata a eliminação brutal das forças huguenotes em torno de Agen por Monluc, quando "toda espécie de crueldade e violência foi praticada... sem levar em conta *status*, sexo ou idade". E então Montaigne chega à verdadeira razão de haver escrito:

> E é com grande pesar que lhe comunico também que uma parenta sua foi vítima desse massacre, a mulher de Gaspard Duprat, e dois de seus filhos. Era uma nobre mulher que tive oportunidade de ver muitas vezes quando ia para aqueles lados e em cuja casa tinha certeza de ser recebido com hospitalidade. Em suma, não vou dizer mais nada a esse respeito hoje, pois o relato me traz dor e pesar...

No meio dessa espiral de violência, Montaigne se manteve leal ao rei, mas também tentou uma negociação entre as facções em guerra e se aproximou de Henrique de Navarra, o líder da causa protestante. Mas essa tarefa era difícil devido às condições turbulentas da guerra civil, em que a distinção entre princípios e interesse privado nunca estava clara.

Pois o que era chocante nas guerras civis francesas era a ideia de que as regras normais de um conflito pareciam ter sido suspensas. A Idade Média presenciou a elaboração de uma ideia de guerra "justa", que se lutava para recuperar a terra ou a propriedade, ou simplesmente para opor o bem ao mal – e, nesse sentido, as Cruzadas proporcionaram amplas oportunidades de "fazer o bem". Além disso, o culto da cavalaria lançava uma luz cristã, nobre, sobre a guerra. Mas, durante as guerras religiosas francesas, a violência pareceu ultrapassar essas convenções. Boatos e conspiração eram frequentes e, o que era mais perigoso, uma legitimidade cristã igual era afirmada por ambos os lados. A violência feroz liberada por esse coquetel de rivalidades dinásticas, aumentada vertiginosamente pelo zelo religioso, era terrível. "Guerra monstruosa", exclama Montaigne: "Outras guerras agem externamente, esta age contra si mesma, se corroendo e se destruindo com o próprio veneno."

E um sintoma disso era a predominante sensação de incerteza sobre a diferença entre o amigo e o inimigo. A luta era especialmente terrível na região de Montaigne, onde Henrique de Navarra tinha a maioria de seu apoio. E Montaigne dá um retrato vivo dos tempos de pavor e desconfiança que vivia:

> Viajando juntos um dia durante a guerra civil, meu irmão, o Seigneur de la Brousse, e eu encontramos um cavalheiro de boa estirpe. Ele apoiava o lado oposto ao nosso, embora eu não soubesse disso, pois ele fingia o contrário; e o mal dessas guerras é que

> as cartas estão muito embaralhadas, o inimigo não se distingue de você por nenhuma marca visível, seja de linguagem ou aparência, tendo crescido sob as mesmas leis, costumes e o mesmo ar, de modo que é muito difícil evitar confusão e desordem. Isso me fez ficar com medo de encontrar alguma tropa nossa num lugar onde eu não fosse conhecido, caso eu não tivesse condições de revelar meu nome... Como já aconteceu comigo antes, quando, por uma dessas fatalidades, perdi homens e cavalos e, o mais trágico, um pajem, um cavalheiro italiano que eu havia formado com o maior esmero e com o qual uma vida de grande promessa e expectativa se extinguiu.

A guerra civil, portanto, resulta não apenas numa ruptura da sociedade, mas também numa ruptura da confiança – Montaigne temia o próprio lado quase tanto quanto o inimigo. Enquanto numa campanha fora do país se luta com estranhos, as guerras civis exigem a separação deliberada de grupos que podem já se conhecer: "Elas nos fazem ficar de guarda em nossas próprias casas"; "Seu próprio criado pode estar do lado que você teme." Os primeiros ensaios de Montaigne captam esse trágico colapso. Relata que em Mussidan, a apenas 27 quilômetros de Montaigne, viu os habitantes serem mortos enquanto as negociações de paz ainda estavam em andamento. Conta ter ido para a cama umas mil vezes com medo de ser morto naquela mesma noite e que teve de enfrentar a tentativa de um de seus vizinhos de tomar sua casa. Recorda a lamentável sina de um alfaiate do outro lado do rio, em St. Foy-la-Grande, morto com sessenta golpes de sua própria tesoura "por vinte *sous* e um casaco".

A aleatoriedade inata da guerra de artilharia moderna é, desse modo, exacerbada pela hipocrisia dos motivos pelos quais é travada:

> Nosso zelo realiza maravilhas quando secunda nossas inclinações para o ódio, a crueldade, a ambição, a avareza, a calúnia, a rebelião. Mas movido... em direção da bondade, da benignidade, da moderação, a não ser que, por um milagre, alguma rara disposição nos leve a isso, não mexemos mão nem pé. Nossa religião destina-se a erradicar vícios; no entanto, os encobre, nutre e incita.

Montaigne descreve soldados rezando antes de partir para o ataque, mas "cujos desejos eram cheios de crueldade, avareza e luxúria". Ele pergunta ao ver as guerras civis de seu tempo: "Quem não grita que a máquina do mundo está em decomposição e que o fim do mundo está próximo?"

Para Montaigne, ele próprio um membro da nobreza da espada, a mais nobre das profissões revela, assim, os caprichos da sorte: os estratagemas dos planejadores militares são maliciosamente desbaratados pelo azar. Além disso, as ligações naturais entre as pessoas são cortadas pela guerra civil – "divisões e subdivisões" que ameaçam despedaçar o seu país –, tornando-as incapazes de sentir empatia e camaradagem e até mesmo desdenhosas em relação a esses sentimentos. O comportamento humano, tal como a pólvora, agora é imprevisível: vagamos no escuro, em desespero, num campo de batalha. Você pula ou se abaixa ao disparo de um arcabuz? Você desafia ou se prostra diante do inimigo? Não há como saber:

"Não temos controle sobre o que está por vir." A única coisa que você sabe é que vai morrer, e a única coisa sobre a qual tem controle – no campo de batalha arbitrário da França do século XVI – é quão bem você se prepara para este fato.

4

Filosofar é aprender a morrer

Numa série de xilogravuras intitulada *A dança da morte*, de 1543,* Hans Holbein retrata a Morte saltando sobre as misérias do início da Europa moderna como um Fred Astaire** sinistramente ágil. A morte dança uma pavana com papas, saracoteia com jogadores, dança uma sarabanda com marinheiros, e, numa imagem de fato terrível, leva embora um menino de uma casa muito pobre enquanto a mãe está cozinhando. Todo o brilhantismo inabalável de Holbein está evidente ali. O menino estendendo a mão para a mãe. A mãe fora de si, puxando os cabelos. E a própria Morte, com seu jeito garboso de andar e seu sorriso de mau gosto – já do lado de fora da porta.

No século XVI a morte parecia estar na ofensiva: Montaigne cita Sêneca sobre o fato de que "a morte está em todo lugar", e Holbein vai além ao representar a vitalidade autoconfiante da morte ao subir em mastros de navios e quebrá-los e ao beber com bêbados debaixo da terra. Além do mais, as razões para sua alegria não são difíceis de discernir. A guerra devastava o campo. A doença e os ferimentos cobravam seus tributos. A praga, a sífilis e o tifo causavam grandes danos entre a população, fazendo com que a morte fosse tão aterrorizadora quanto terrivelmente familiar. Em Ames, perto de Lille,

---

* O autor parece ter se enganado: 1543 é o ano da morte de Hans Holbein, o Moço; 1538 é a data da publicação em Lyon de *A dança da morte*, gravada por Hans Lutzelburger a partir dos desenhos de Holbein. (N.T.)

** Fred Astaire – dançarino e ator norte-americano famoso por seu original e gracioso sapateado (1899-1987). (N.T.)

em 1580, um rapaz chamado Jehan Le Porcq morreu de uma doença contagiosa, passando seus últimos dias num barracão no fundo do jardim de seu pai.

Além disso, um novo sentimento de incerteza espiritual parecia haver minado o tradicional conforto oferecido pela Igreja. O historiador Philippe Ariès descreve o período medieval como uma época que trabalhava com a ideia de "morte domesticada" em que a morte era simplesmente uma parada na narrativa espiritual que se estendia do presente até a eternidade. Mas, após a Reforma, essa história parece ter ficado interrompida; nossa salvação não estava mais assegurada, e a Morte se instalou em todo seu terrível esplendor. Olhando com cuidado a xilogravura de Holbein, podemos vislumbrar a sensação dessa incerteza angustiante quando os traços de fumaça começam a anuviar e esconder a mão da criança enquanto é arrastada da vida para o desconhecido.

Em seu primeiro livro de ensaios, Montaigne vê a morte como o problema esmagador que enfrentamos, do ponto de vista moral, teológico e filosófico: "Toda a sabedoria e a razão desse mundo ao final se resumem em um ponto: nos ensinar a não termos medo de morrer." Ele volta a isso constantemente, obsessivamente. É sua inspiração para escrever – para que seus "parentes e amigos" possam lembrar-se dele "quando me perderem (como logo deverão perder)". E essa é a tarefa essencial, central, da filosofia – como ele anuncia no título de um de seus primeiros escritos: "Filosofar é aprender a morrer."

O mundo de Montaigne era um mundo violento, onde guerras, justas, duelos e execuções eram um espetáculo comum, e a vida, nas palavras de Hobbes, era “detestável, bruta e curta”. Quando Montaigne passeava como turista pelas ruas de Roma em janeiro de 1581, deparou-se com a execução de um bandido infame, Catena, que matara dois monges capuchinhos, forçando-os a abjurar Deus antes de cortar suas gargantas. Enquanto o assassino era levado pelas ruas, dois monges pregavam para ele, e outro monge pressionava um retrato de Jesus contra seu rosto:

> Na forca, que é uma trave entre dois suportes, eles mantiveram o retrato de Jesus contra seu rosto até ele pender da forca. Ele teve uma morte comum, sem se debater ou falar. Era um homem moreno de cerca de trinta anos. Depois de enforcado, foi esquartejado.

Foi “uma morte comum”, observa Montaigne, e, além disso, nota que os espectadores só gritaram quando começaram a cortá-lo.

Quantas maneiras a morte tem de nos surpreender?, pergunta Montaigne. Quem pensaria que um duque de Bretanha seria esmagado e morto enquanto conduzia o cavalo do papa no meio da multidão; que Henrique II, da França, morreria com o olho perfurado por um estilhaço durante uma justa amistosa; que o filho de Luís VI seria morto por um porco zangado? Que Ésquilo faria sua saída final quando um abutre deixou cair uma tartaruga sobre sua cabeça calva que parecia de pedra? Um morre engasgado com uma uva; outro se coçando com um pente; o romano Aufídio bateu contra uma porta. E Montaigne descreve a quantidade de homens que morreram tentando restabelecer o equilíbrio – entre as coxas de mulheres, como ele coloca: Ludovico, filho do marquês de Mântua; o sobrinho de Platão, o filósofo Espeusipo; até um papa! Contra esse inimigo final, como diz Propércio, não há capacete que nos possa defender: "A morte acabará por arrastar a sua cabeça."

E, voltando-se para a própria família, Montaigne registra a triste sina de um irmão seu mais novo, Arnaud, morto durante um jogo de tênis:

> E, se me permitirem a intromissão, um irmão meu, capitão Saint Martin, aos vinte anos, já tendo dado suficiente prova de sua coragem, recebeu, quando jogava tênis, uma bolada um pouco acima da orelha direita, sem ferida ou sangramento aparentes. Ele não se sentou nem descansou, mas cinco ou seis horas depois morreu de uma apoplexia causada pelo golpe. Com tais exemplos frequentes e comuns diante de nossos olhos, como é possível deixar de pensar na morte e que ela nos segura pela garganta o tempo todo?

Portanto, quando começa a escrever seus ensaios, aos 39 anos, Montaigne sente que está vivendo um tempo emprestado. A expectativa média de vida naquela época era de cerca de 33 anos; Etienne de La Boétie morreu aos 32. Assim, ao final de sua terceira década de vida, Montaigne se vê como embarcado num processo de declínio inevitável e crescentemente rápido:

> Pobre tolo, quem garantiu a duração de sua vida? Você está confiando em histórias de médicos. Olhe para os fatos e para a experiência. Pelo curso normal das coisas, você já viveu por um favor extraordinário. Já ultrapassou os limites normais da vida. E para prová-lo conte seus conhecidos: a maioria morreu antes de atingir

> sua idade; e entre os que tornaram suas vidas eminentes porque alcançaram renome faça uma lista e aposto que você achará mais os que morreram antes do que depois dos trinta e cinco anos.

"Morrer de velhice", ele conclui, "é uma morte rara, singular e extraordinária e, portanto, a mais antinatural."

E, como que para selar esse desalento, Montaigne reconhece o fato de que os partos muito frequentemente serviam para trazer morte ao mundo. No século XVI cerca de metade das crianças morria na tenra infância, muitas vezes de simples infecções (e serem enviadas para amamentação fora de casa, como foram as filhas de Montaigne, só servia para torná-las mais vulneráveis). Em seu exemplar da *Ephemeris Historica*, de Beuther, Montaigne registra assim o sofrimento em relação a sua filha mais velha, nascida depois de quatro anos de tentativas:

> 1570, 28 de junho. Nascida de Françoise de La Chassaigne e de mim, uma filha que minha mãe e o senhor presidente de La Chassaigne, pai de minha mulher, chamaram de Thoinette. Era a primeira filha de nosso casamento e morreu dois meses depois.

Durante os 13 anos seguintes, ele registra a morte de quatro outras filhas: Anne, que nasceu em 5 de julho de 1573 e morreu sete semanas depois. Outra filha sem nome, nascida em 27 de dezembro de 1574, viveu apenas três meses. Mais uma filha, também sem nome, nasceu e morreu em 16 de maio de 1577. E, finalmente, Marie, nascida em 21 de fevereiro de 1583, viveu apenas poucos dias. Apenas Léonor, nascida em 9 de setembro de 1571, sobreviveu até a idade adulta. Montaigne conclui, com amargura compreensível: "Todos os meus morrem na infância."

Em seu *Alfabeto da morte*, de 1538, Holbein mostra a Morte roubando um bebê de seu berço. A postura da Morte sugere uma disposição brincalhona aterrorizadora, mas o bebê nos olha com uma expressão de quase repreensão no terrível vazio do seu olhar. O texto que acompanha é tirado de Jó 14: 1-2 – "O homem, nascido da mulher, vive breve tempo, cheio de inquietação. Nasce como a flor, e murcha; foge como a sombra e não permanece."*

* Segundo tradução de João Ferreira de Almeida (A Bíblia Sagrada, Antigo e Novo Testamento, Sociedade Bíblica do Brasil, 1969). (N.T.)

A resposta de Montaigne a esse pessimismo sombrio – da mesma forma que a de qualquer homem bem-pensante da época – era tomar a ofensiva e enfrentar a Morte de homem para homem: "Aprendamos a nos manter firmes e lutar." E a arma mais crucial de Montaigne nesse aspecto é aquilo a que se refere em certo ponto como "a principal e mais autorizada filosofia" dos antigos: o estoicismo – os escritos de Sêneca, de Epiteto e do imperador Marco Aurélio; uma fibra moral que se insinuou por meio do tecido teológico e filosófico ocidental. Foi isso que consolou La Boétie em seu leito de morte e assim faria também com Montaigne.

O estoicismo recebeu seu nome de *Stoa*, ou pórtico, elemento arquitetônico onde o primeiro dos estoicos, o filósofo grego Zeno, ensinava seus discípulos. Originalmente compreendia um sistema de metafísica, lógica e ética, mas foi como uma teoria ética que gozou de mais influência na república romana no século I. Em seu cerne, o estoicismo era um programa para lidar com o infortúnio – doença, derrotas militares e morte –, ensinando que o objetivo da filosofia era uma indiferença cultivada em relação a tais misérias (nesse sentido, Epiteto, aleijado por um senhor cruel, e Sêneca, que cometeria suicídio depois de entrar em conflito com Nero, pareciam saber do que estavam falando). O estoicismo, portanto, aconselhava que se devia separar a razão das paixões e dos sentidos, atingindo dessa forma um estado de *apatheia* (impassividade) e, portanto, de *constantia* (constância), que permitia enfrentar desafios e tribulações com muito controle (Zeno retratava a alma do sábio estoico como um punho fechado). Ao seguir esses preceitos, o sábio estoico era, portanto, capaz de se elevar acima dos efeitos devastadores dos laços emocionais, como os da família – como Epiteto aconselhava:

> Como numa viagem quando o navio chegou a um porto, se você sai para buscar água, é um divertimento pegar uma concha ou um bulbo no caminho, mas seus pensamentos precisam estar dirigidos ao navio e você deve estar atento o tempo todo para quando o capitão chamar e, então, você deve jogar fora todas essas coisas... assim também na vida, se lhe forem dados, em vez de um pequeno bulbo e uma concha, uma mulher e um filho, não haverá nada que o impeça de os aceitar, mas, se o capitão chamar, corra para o navio e abandone todas essas coisas sem se importar com elas...
>
> Se você ama um vaso de cerâmica, diga que é um vaso de cerâmica que você ama, pois, quando ele se quebrar, você não ficará abalado. Se você beija seu filho ou sua mulher, diga que é um ser humano que você está beijando, pois, quando a mulher ou o filho morrer, você não se abalará.

Supunha-se que o estoicismo, portanto, oferecia conforto filosófico em épocas de tristeza, mas, para a república romana, marcial e dedicada ao dever, também equivalia a um credo ideológico poderoso. Montaigne conta a história de Gaio Múcio Cévola, que, após ter sido capturado e ameaçado de tortura pelos etruscos, enfiou o punho num braseiro sem vacilar, fazendo com que os etruscos se impressionassem com esse exemplo de firmeza romana e se entregassem ali mesmo.

Durante a Idade Média, a atitude estoica foi absorvida pelo Cristianismo, que compartilhava sua seriedade de camisa de cilício* e o desprezo pelo mundo, como pode ser constatado em *Do Consolo*

---

* Camisa ou túnica incômoda feita de pelo de animal ou tecido rústico usada por cristãos como forma de mortificação voluntária. (N.T.)

pela Filosofia, de Boécio. Porém, durante o século XVI, o estoicismo pareceu ter um renascimento, em parte como resultado do entusiasmo dos humanistas pela Antiguidade (como demonstrado por Erasmo, que editou Sêneca), mas também pelo papel que desempenhou na formulação da Reforma protestante, em que reformadores treinados no humanismo reembalaram a coragem estoica numa forma de fé nova e militante. Mas, com o endurecimento das atitudes religiosas que inevitavelmente adveio daí, o estoicismo começou a crescer como uma bola de neve, quase como num circuito de retroalimentação ideológica, pois o que o tornou tão difícil de ser substituído como atitude foi o fato de que o estoicismo era visto como fundamentalmente nobre, honrado – viril – e nenhum homem do século XVI com amor-próprio, que se considerasse um homem, desejaria pensar diferente, como é afirmado num emblema de *Minerva Britannica* de Henry Peacham, de 1612:

> Entre as ondas, uma poderosa Rocha se ergue
> Cujo pico vigoroso suportou muitas chuvas
> E fortes tempestades; que nem o mar, nem a terra,
> Nem os raios afiados de Júpiter puderam jamais destruir:
> Assim também é a CONSTÂNCIA VIRIL de espírito
> Que não é facilmente perturbada por qualquer lufada de vento.

Outros escritores refinaram essa síntese neoestoica de ideias clássicas e cristãs, como o humanista holandês Justus Lipsius em seu *De Constantia* (1584) e o estadista francês Guillaume du Vair em seu *De la Constance* de 1594, mas talvez a transformação mais influente do espírito estoico apareça na obra do filósofo do início do século XVII, René Descartes.

Descartes é muitas vezes considerado o "pai da filosofia moderna", o primeiro a dar à filosofia algo parecido a um patamar científico. Mas seu pensamento também pode ser visto como uma resposta a um colapso na sociedade semelhante à de Montaigne; no caso de Descartes, o contexto de um conflito europeu mais amplo, a Guerra dos Trinta Anos. O que Descartes se dispõe a fazer é efetivamente distanciar a mente do corpo e atingir como resultado uma *apatheia* estoica mais completa. Ele se descreve no início de seu *Discurso do Método* como estando em Neuburg, um tranquilo principado católico às margens do rio Danúbio, onde se sente "não molestado por qualquer paixão ou preocupação" – uma atitude estoica que ele repete na versão francesa de suas *Meditações* em 1647:

> Agora, então, que oportunamente libertei minha mente de todas as preocupações e felizmente não estou perturbado por nenhuma paixão, e já que estou de posse garantida de tempo

> livre numa solidão tranquila, vou por fim me dedicar com firmeza e liberdade à destruição geral de todas as minhas antigas opiniões.

No *Discurso do Método*, Descartes promete seguir suas próprias "regras" intelectuais com uma "resolução firme e constante" ("une ferme et constante résolution"), comprometendo-se a "ser tão firme e resoluto em minhas ações quanto possível" ("le plus ferme et le plus résolu en mes actions que je pourrois), e a seguir até opiniões duvidosas "com não menos constância" (je ne suivre pas moins constamment") – como um viajante perdido que decide continuar andando em linha reta.

Mas, para encontrar uma posição *verdadeiramente* "constante" – isto é, segura –, Descartes parte novamente, pois em vez de resistir à "falsidade" ou à "opinião", por meio da firmeza, escolhe abraçá-las e levantar dúvidas tão extremas que *apenas* podem ser imaginadas – que um espírito perverso pode estar enganando-o; "Que o céu, o ar, a terra, as cores, as formas, os sons... são meros sonhos ilusórios", mas o retorno dessa especulação é que o pensamento surge como a única constante, pois sem o *pensamento* tais idéias impossíveis não poderiam existir:

> ... notei que, ao mesmo tempo que eu queria pensar que tudo era falso, era necessário que eu, que estava pensando, tivesse de ser alguma coisa; e notei que essa verdade "penso, logo existo", era tão firme e tão garantida que as suposições mais extravagantes dos céticos não eram capazes de abalá-la.

O que fica claro é que a ideia de um "cerne" estoico é o que prepara o campo para o *cogito* cartesiano, um sujeito pensante imune não apenas ao infortúnio, mas também à dúvida. E o que está no centro dessa separação estoica entre mente e corpo para o pensamento de Descartes é sugerido pelo longo título de sua principal obra: *Meditações sobre a primeira filosofia em que são demonstradas a existência de Deus e a distinção entre a alma humana e o corpo.*

Descartes é, portanto, corretamente considerado o "pai" da filosofia moderna; mas pode-se dizer também que ele representa um clímax: a transformação final da ética neoestoica em uma epistemologia neoestoica, em que o pensamento está absolutamente distanciado de sua encarnação, em que constância e incorrigibilidade coincidem.

Em seus primeiros ensaios, Montaigne exibe uma bravata similarmente estoica ao enfrentar a morte: "Endureçamo-nos e fortifiquemo-nos"; "procuremos por ela (a morte) em todos os lugares"; "o fim de nossa raça é a morte; ela é o objeto necessário do nosso propósito, que, se nos amedronta, como é possível dar um passo sem agitação?" Todas as ações de nossa vida devem estar dirigidas para esse embate final: "Nessa última cena não há fingimento: devemos falar claramente e demonstrar o que há de bom e limpo no fundo do pote."

E, nesse pessimismo estoico, Montaigne mistura o atomismo cosmológico de Lucrécio, em que a vida é passada adiante como um bastão numa corrida de revezamento sem fim: "Sua vida é parte da ordem do universo, é parte da vida do mundo." Para que, portanto, "procurar alongar a vida, simplesmente para renovar o tempo malempregado e ser atormentado?" Pois, como Montaigne comenta:

> ... se você viveu um dia, você viu tudo. Um dia é igual a todos os outros dias. Não há outra luz, nem outra sombra. Este sol, esta lua, estas estrelas, esta disposição das coisas são os mesmos que nossos ancestrais desfrutaram e também entreterão seus descendentes.

Para que prolongar as coisas? "Estamos andando no mesmo círculo", diz Lucrécio, "sempre confinados nele". Não há coisas novas para nos dar prazer: "É sempre o mesmo de novo e de novo." A verdadeira tarefa da vida é, portanto, "lançar uma base para a morte".

Fiel à sua palavra, Montaigne relembra como, mesmo na juventude, pensamentos mórbidos o atingiam nas situações mais improváveis: "Na companhia de damas e nos jogos." E conta que alguém, mexendo em papéis seus, se deparou com uma nota que ele havia escrito sobre algo que desejava que fosse feito após sua morte, uma anotação que fizera quando estava a pouco mais de um quilômetro de casa, em perfeita saúde, mas ainda sem ter certeza de que sobreviveria à viagem até em casa. Enquanto outros podem se queixar de que a morte os surpreende e interrompe seus planos – a educação dos filhos, o casamento da filha –, Montaigne insiste que devemos estar sempre preparados: "Devemos estar calçados e prontos para ir."

O pessimismo estoico de Montaigne chega ao auge em seu ensaio "Da prática", em que revê um incidente do fim da década de 1560, quando foi jogado do cavalo e quase morreu. O ensaio trata do paradoxo de que a morte é "a maior tarefa que temos que cumprir"

e, no entanto, a única coisa que não podemos ensaiar: "A prática não pode nos ajudar... somos todos aprendizes quando nos é chegada a hora de partir." Daí seu interesse em sua experiência de quase morte:

> Durante nossa segunda ou terceira guerra civil (não me lembro bem qual), saí um dia a uma distância de cerca de um quilômetro e meio de minha casa, que fica situada no centro de todos os distúrbios das guerras civis da França. Pensando que estava seguro, pois estava tão próximo de casa que não seria necessária uma montaria melhor, tinha levado um cavalo muito dócil, mas não muito robusto. Na volta... um de meus homens, um camarada alto e corpulento, montado num cavalo de carga forte e muito birrento, e era jovem e vigoroso, para bancar o valente e ficar à frente de seus companheiros, veio a toda velocidade na minha trilha e colidiu como um raio contra o pequeno homem e o pequeno cavalo, atingindo-nos com tanta força e peso que nos mandou os dois pelos ares de cabeça para baixo. Portanto, lá estavam o cavalo, jogado e atordoado pela queda, e eu, dez ou doze passos adiante, morto, estirado, com o rosto machucado e fraturado, minha espada, que eu segurava, a mais de dez passos de distância e meu cinto aos pedaços, sem mais vida ou sensações que uma tora de madeira.

Seus homens o cercam e tentam reanimá-lo, mas, não conseguindo acordá-lo, temem o pior e começam a carregar seu corpo de volta à casa. No caminho, ele começa a tossir e a vomitar sangue, mas recai na inconsciência, a ponto de que "minhas primeiras sensações estavam muito mais próximas da morte que da vida". A notícia do acidente chega à sua casa e a mulher e a filha correm para fora para recebê-lo. Ele escuta as vozes delas, mas apenas na periferia de sua alma. Ele mexe em seu gibão. Ele vê a mulher tropeçar e, em seu delírio, manda alguém buscar um cavalo para ela. Ele cita Tasso no sentido de que sua alma estava claramente em dúvida sobre voltar ao seu corpo, tendo perdido a confiança em seu elo com a vida.

O acidente de Montaigne tem todas as características de uma séria concussão cujas consequências óbvias podem ser um derrame e, claro, a morte, mas o que é notável em seu relato é o fato de que a perspectiva da morte não parece perturbá-lo. Ele diz que seu "primeiro pensamento foi o de que eu fora atingido na cabeça por um tiro de arcabuz, pois na verdade vários estavam sendo disparados à nossa volta na ocasião". Em outras palavras, ele tinha sucumbido à pior morte imaginável, uma mistura fortuita de negligência e má sorte. Além disso, o incidente não havia acontecido no campo de batalha, mas num caminho a cerca de um quilômetro de sua casa.

Mas, enquanto ele está ali deitado, imóvel sobre a terra fria, é o estoicismo que vem em seu socorro. Como diz, ele faz esse relato para "nos dar mais coragem" diante da "maior tarefa que temos a realizar", pois o que Montaigne parece alcançar em seus momentos finais é exatamente o estado de *apatheia* que os estoicos cultivavam, declarando, como *Os embaixadores*, de Holbein, que esta vida vale menos do que a próxima – ou como La Boétie sussurrou em seu leito de morte: "*An vivere tanti est?*" (A vida vale tanto?). Nos últimos anos da terceira década de vida, já vivendo, como pensa, um tempo emprestado; com seu país no meio de uma violenta guerra civil; com as mortes de amigos, pais, irmãos e filhos à sua volta; com o rosto machucado e fraturado, a espada arrancada da mão, com a proximidade de sua própria extinção, Montaigne conclui, como Lucrécio: *Nec nova vivendo procuditur ulla voluptas* – Não há vantagem em se agarrar desesperadamente à vida – e desiste:

> Eu me vi coberto de sangue, pois meu gibão estava todo manchado do sangue que eu vomitara... Pensei que minha vida estava pendurada nas bordas de meus lábios apenas e fechei meus olhos para ajudar, assim pensei, a empurrá-la para fora e tive prazer em me entregar e me deixar ir...

5

Que sçais-je? – O que sei?

Mais ou menos nessa época, uma névoa baixou sobre o norte da Europa. Cobriu o rio Reno, fundindo-se com os juncos nos lagos e pântanos e com a bruma marinha. Enclausurou os cemitérios da França. Infiltrou-se nos livros, embaçou a lâmina das espadas. Escalou os muros altos de Oxford e cercou Aristóteles. Parecia penetrar a própria carne e confundir a identidade das coisas e os limites da matéria. E então se estabeleceu na mente dos homens.

Montaigne sobreviveu à queda do cavalo. Foi levado para casa, tossindo e com ânsias de vômito, e ficou de cama vários dias, recusando qualquer tratamento, convencido, como diz, de que havia sido "ferido mortalmente na cabeça". Mas, quando se põe a contar a história de seu acidente no ensaio "Da prática" (escrito talvez uns oito anos depois do acontecimento), algo começa a enevoar-lhe a resolução estoica – nem medo nem covardia, mas um novo sentimento de dúvida e incerteza sobre nosso conhecimento, uma sensação nova da névoa cética na qual estamos imersos.

O ceticismo chegou no século XVI como uma força intelectual nova e intoxicante. Novamente se tratava de uma ideia com precedentes antigos, particularmente nos escritos do cético grego Sexto Empírico, cujos *Esboços Pirrônicos* Montaigne conhecia de uma tradução de Henri Estienne de 1562. Mas, além de comunicar essas antigas ideias, o "renascimento" do ceticismo parecia evidenciar, de modo mais geral, uma perda de confiança intelectual, sem dúvida resultante do turbilhão provocado pela Reforma, uma incerteza que se reflete no título de *Quod nihil scitur* (*Que nada se sabe*) de Francisco Sanchez, publicado menos de um ano depois dos *Ensaios* de Montaigne, em 1581.

Pois, quando Montaigne descreve as consequências de sua queda, ele parece estar estranhamente cativado pelo assombro cético da experiência de quase morte e pela estranha confusão causada pelo golpe na cabeça:

> ... o fato é que eu não estava lá de modo algum: os pensamentos não tinham objetivo, eram nebulosos, provocados pelos sentidos da visão e da audição, e não oriundos de mim. Não sabia de onde eu tinha vindo nem para onde ia; não era capaz de pesar e considerar o que me perguntavam: aqueles eram efeitos leves que os sentidos produziam por si mesmos, por hábito. A alma contribuía com um sonho, ligeiramente tocado, lambido e umedecido pela suave impressão dos sentidos.

Mais vividamente que qualquer argumento abstrato, o acidente de Montaigne lhe mostrou que nossas mentes têm uma relação estreita com o corpo: "As funções da alma... readquirem vida ao mesmo tempo que as do corpo." Além disso, o corpo pode, na verdade, ser mais capaz por si mesmo: ele apenas começou a "se mexer e a respirar", relembra, porque "uma quantidade tão grande de sangue havia entrado no meu estômago que a natureza precisava aumentar suas forças para livrar-se dele". Em contraste, sua mente, sua razão, estava profundamente adormecida: a "fraqueza" de seu entendimento o privava da "faculdade de discernir" o que havia acontecido. Conclui que "as mentes e os corpos ficam submersos no sono" nas pessoas que sofriam ferimentos terríveis.

Portanto, embora Montaigne possa ter visado provar, em "Da prática", um ponto de vista estoico – que não devemos temer a morte –, ao começar a escrevê-lo, uma interpretação alternativa passou a tomar forma. Em primeiro lugar, ele percebe que a mente *está* necessariamente presa ao corpo e, como consequência, é inevitável que nossa capacidade de nos distanciar de nossas paixões e de nossos sentidos seja reduzida. Nossa condição básica é de embriaguez e incerteza; apesar de nossa pretensão de saber, podemos ter uma concussão em primeiro lugar – como ele mais tarde declara:

> Dormindo, acordamos e, em nossa vigília, dormimos. Não vejo com muita clareza no sono, mas, quanto à minha vigília, nunca a acho suficientemente clara e desanuviada. Além disso, o sono mais profundo por vezes põe os sonhos para dormir. Mas nosso estado de vigília nunca é tão alerta que expurgue e dissipe os devaneios, que são os sonhos da vigília, e piores que nossos sonhos.

Mas a segunda implicação – uma ideia que perpassa os últimos ensaios como correntes subterrâneas nutrindo as vinhas em torno dele – é que a vulnerabilidade de nossa consciência sugere a vulnerabilidade de nossa alma. Ele diz que foi impossível para sua alma "conseguir manter qualquer força interior para se reconhecer". Nossos momentos finais – da perspectiva de alguém que os havia "ensaiado" – não revelam o predomínio e a compostura da alma, mas sua confusão, sua concussão e, como resultado, sua provável dissolução. E isso tem implicações teológicas claras – levando Montaigne às fronteiras do ateísmo –, bem como implicações filosóficas, porque, se não possuímos uma ligação umbilical com a vida após a morte (e, portanto, com Deus), nossa capacidade de alcançar o conhecimento perfeito também fica prejudicada. Estamos efetivamente entregues a nós mesmos.

A queda de Montaigne de seu cavalo, "um incidente tão irrelevante", é, portanto, uma experiência que permanece com ele para o resto da vida: "Até hoje ainda sinto as feridas daquele choque terrível", mas também se torna um evento relevante em termos do redirecionamento do conhecimento humano que ele sugere: para longe de um anseio humanista cristão por uma vida após a morte e de volta ao humano, ao corpo, ao *natural*. E, quando volta ao "Da prática" para os acréscimos finais aos ensaios – acréscimos caracterizados pela honestidade e coragem intelectual –, é essa liberdade sem direção, mas inebriante, que Montaigne enfatiza, considerando o processo de autoanálise como algo radicalmente novo – "um empreendimento novo e extraordinário":

> E isso deveria ser mal-interpretado se eu o comunicasse? O que é útil para mim pode, talvez, ser útil para outra pessoa. Quanto ao resto, não estou causando dano algum; não uso nada que não seja meu. E, se faço papel de bobo, é à minha custa e ninguém tem nada a ver com isso, pois é uma loucura que vai morrer comigo e não tem consequências. Só ouvimos falar de dois ou três antigos que trilharam esse caminho e, mesmo assim, não sei dizer se foi de modo semelhante, nada conhecendo sobre eles além do nome. Ninguém desde então seguiu essa trilha. É uma empresa difícil, mais difícil do que parece, acompanhar uma marcha tão

desconexa e incerta como a da mente; penetrar as profundidades escuras de seus meandros internos; identificar e agarrar todos os aspectos delicados de seus movimentos. É um novo e extraordinário empreendimento, e que nos tira das ocupações comuns e mais recomendadas do mundo.

Os "dois ou três antigos" a que Montaigne se refere poderiam ser qualquer número de figuras de vulto, mas uma forte possibilidade são os materialistas pré-socráticos Leucipo, Demócrito e Epicuro, que foram descritos com frequência como constituindo uma "escola" de ateísmo (daí, talvez, Montaigne não ter querido mencioná-los) e cujos escritos não existem mais, suas ideias tendo chegado até nós em segunda mão. Como consequência, a alma/ego não é algo simplesmente pressuposto, mas cuja natureza deve ser ativamente descoberta. Em lugar de a alma tentar escapar de sua corporificação, ela deveria abraçá-la, explorá-la. A "vaidade" de tal atividade vai contra o consenso estoico/cristão do tempo de Montaigne ("as mais recomendadas ocupações do mundo"). Mas é, ele insiste, firme em seu ponto de vista: "Uma loucura que morrerá comigo."

Montaigne começa então a forjar uma ponte entre a preocupação com a morte – e o estoicismo como um antídoto para esse medo da morte – e a perspectiva mais cética mostrada nos ensaios que escreve em meados dos anos 1570, nos quais "tanto por dentro quanto por fora, o homem é cheio de fraquezas e falsidades". Porém, isso traz um distanciamento das paixões estoicas de sua juventude, do culto da morte que o havia ligado à memória de La Boétie.

Pois, em algum ponto, Montaigne decide não viver mais sob a influência sinistra do pessimismo filosófico de Lucrécio e sobe para apagá-lo de seu teto, deixando apenas um leve contorno, e o substitui pela humilde sabedoria do livro de Eclesiastes:

SICVT IGNORAS QVOMODO ANIMA CONIVNGATVR CORPORI SIC NESCIS OPERA DEI / Tu que ignoras como a mente está unida ao corpo não sabes nada das obras de Deus.

Ecoando-a em outras vigas, registra outras declarações céticas, num mapa cósmico da mente que abrange de Eurípedes e Eclesiastes a Plínio e São Paulo:

E quem sabe se essa coisa que é chamada de vida
é morte, enquanto viver é morrer?

O homem é barro

A única coisa certa é que nada é certo
e nada é mais desgraçado e orgulhoso que o homem

Vazio por toda parte

E nas vigas principais do teto, com mais peso e profundidade que o resto, inscreve o ceticismo prudente de Sexto:

Que sçais-je? – O que sei?

Com julgamento vacilante
Não entendo
Nenhuma coisa mais extensamente que outra
Não me inclino para nenhum dos lados
Não apreendo
Cuido
Considero
Com o costume como sensor e guia

O envolvimento mais fundamentado de Montaigne com o ceticismo, entretanto, aparece em seu ensaio "Apologia de Raymond Sebond", inspirado pela obra do teólogo espanhol do século XV que ele havia traduzido a pedido de seu pai – uma história que conta no início do ensaio. O pai abrira a casa para homens de conhecimento durante o florescimento do humanismo no tempo de Francisco I, e um deles, Pierre Bunel, o presenteou com a *Teologia natural, ou livro das criaturas* de Sebond, apresentando-o como um antídoto às "novas doutrinas de Lutero", que começavam a ficar em voga.

O livro de Sebond jazia sob uma pilha de papéis relegados por muitos anos até o pai de Montaigne dar com esse livro algum tempo antes de sua morte e ele pediu ao filho mais velho que o traduzisse para o francês, o que Montaigne fez; como o livro "agradou de maneira singular" a Montaigne, este deu instruções para que fosse publicado. É sobre esse livro, publicado em Paris em 1569, que Montaigne reflete em seu "Apologia de Raymond Sebond", de longe o mais longo de seus ensaios. Nele, Montaigne esboça uma filosofia cética, tolerante, que se resume na frase "*Que sçais-je?*" (O que sei?), que diz ter adotado como lema pessoal, inscrevendo-a numa medalha.

O ensaio "Apologia" de Montaigne ficou famoso como a afirmação central do ceticismo do século XVI, uma crítica da presunção e fragilidade conceitual do homem. Tem como base o senso irônico agudo dos ensaios iniciais de Montaigne e a influência de sua educação, no modo de argumentação humanista *in utramque partem* – de cada lado de um caso. Mas, na "Apologia", Montaigne expande seu ceticismo para defender Sebond.

Sebond argumentara que Deus deu ao homem dois livros – as escrituras e o mundo natural – nos quais ele poderia "ler" a prova da existência de Deus, onde os animais constituem o alfabeto e o homem, a letra maiúscula inicial. Os argumentos de Sebond tornaram-se populares, sendo publicadas 16 edições depois da segunda, de 1485. Mas, no século XVI, sua obra passou a ser atacada por aparentemente privilegiar a natureza sobre as escrituras, levando o papa Paulo IV a colocá-la no Index dos Livros Proibidos em 1559.

Montaigne se dispõe a defender o autor contra acusações de heresia e ingenuidade, escolhendo, primeiramente, atacar a arrogância intelectual de seus detratores, declarando que a "presunção" é a "doença natural e original" do homem:

> Quem o persuadiu a acreditar que este maravilhoso movimento da abóbada celeste, a eterna luz destas tochas que giram tão orgulhosamente sobre sua cabeça, os assustadores movimentos do mar infinito foram estabelecidos, e resistiram a tantas eras, para sua conveniência e a seu serviço? É possível imaginar algo tão ridículo quanto

> essa criatura miserável e insignificante, que não é dona nem de si mesma, mas está exposta a golpes de todo lado, chamar-se de mestre e imperatriz do universo, do qual não tem o poder de conhecer a mínima parte e muito menos de comandá-lo?

E, contra aqueles que dizem que Sebond deprecia o valor da fé, Montaigne não encontra dificuldade em apontar as guerras religiosas de seu tempo e a hipocrisia daqueles que cometem atos bárbaros em nome da "pureza" teológica:

> E achamos estranho quando, nas guerras que oprimem nosso estado nesse momento, vemos as questões se vergarem e oscilarem de maneira comum e ordinária. É porque lhes atribuímos apenas o que é nosso. A justiça que há em um dos lados está lá somente como ornamento e disfarce... Veja o horrível descaramento com que atiramos para cá e para lá raciocínios divinos e com que falta de religiosidade os rejeitamos e os aceitamos de novo, à medida que a sorte muda nossa posição nessas tempestades públicas.

"Não há inimizade que supere a dos cristãos", comenta ele, pesaroso.

Mas a "Apologia" de Montaigne também despertou grandes discussões entre os comentaristas, basicamente em termos do que foi chamado de contradição "desconcertante" entre a crença de Sebond de que o homem é capaz de encontrar fundamentos para suas crenças no mundo natural e o ceticismo confesso de Montaigne, isto é, sua dúvida sobre o poder da razão. Em que sentido, portanto, o ensaio pode constituir-se numa "apologia" ou defesa de Sebond?

Quando olhamos detalhadamente o começo do ensaio de Montaigne, logo vemos que o que agrada Montaigne em Sebond não é a crença no poder da razão em abstrato, mas a crença de que a religião requer um suporte tátil, tangível. É com a tentativa de Sebond de basear a crença em "raciocínios humanos e naturais" que Montaigne mostra mais empatia – "natural", para ele, não constituindo uma entidade teórica, mas aquilo que diz respeito ao corpo e aos nossos sentidos: "Adaptar ao serviço de nossa fé os instrumentos naturais e humanos com que Deus nos dotou":

> Não nos contentamos em servir a Deus com nossas mentes e almas; também Lhe devemos uma reverência corpórea; utilizamos até nossos membros e nossos movimentos e os objetos externos para honrá-Lo.

A religião é, portanto, algo que não podemos entender senão em termos aproximados – os sentimentos e sensações que desperta em nós, seus elos com nossa terra e nossos costumes, as imagens e os sons de nossa igreja local. Ele escreve sobre a ilha de Dioscórides (Socotra, no Oceano Índico), onde, diziam, os homens viviam felizes como cristãos, com rituais e festas, mas sem conhecimento algum acerca do significado de sua religião. "Somos cristãos", conclui Montaigne, "do mesmo modo que somos perigordianos ou alemães".

E, para provar a centralidade do corpo e de nossos sentidos em nosso ser, Montaigne sugere um teste terrível para seu estoico, para ver se é capaz de pensar numa maneira de sair desta situação:

> Coloquemos um filósofo dentro de uma jaula com barras de ferro finas, suspensa no topo de uma torre da igreja de Notre

> Dame de Paris. Ele verá, por razões evidentes, que é impossível cair e, ainda assim (a não ser que seja alguém treinado para trabalhar nas alturas), não será capaz de evitar uma sensação de terror e paralisia diante da altura extrema, pois temos bastante dificuldade em nos sentir seguros nas galerias de nossas torres de sinos se elas têm balaustrada aberta, mesmo que seja de pedra. Há pessoas que não suportam isso nem em pensamento. Coloquemos uma prancha de largura suficiente para que se possa andar sobre ela entre duas dessas torres. Não há sabedoria filosófica tão firme que nos dê coragem para andar sobre a prancha como poderíamos fazer se ela estivesse no chão.

Enquanto os filósofos, em particular os estoicos, pensam que podem escapar da órbita do corpo, Montaigne mostra que, em última análise, isso é impossível: do mesmo modo que consideramos a intimidade humana reconfortante, as grandes distâncias nos enchem de pavor. As abstrações de teólogos e filósofos fogem até mesmo diante de nosso instinto de autopreservação.

O ceticismo, portanto, surge da tentativa de escapar de nossa corporalidade e levantar hipóteses em áreas que não dominamos. E talvez o exemplo mais claro da qualidade particular do ceticismo de Montaigne seja sua atitude a respeito da feitiçaria, um dos mais prementes tópicos intelectuais de sua época. Em duzentos anos, de 1450 a 1650, cerca de 100.000 pessoas, na maioria mulheres, foram julgadas como feiticeiras, e cerca de metade foi executada. Uma teoria para o aumento dos processos é a de que a opinião erudita e legal, tradicionalmente cética, temporariamente suspendeu sua descrença devido a um deslumbramento pela demonologia, liberando assim as comportas do preconceito, da misoginia e da crueldade.

Mas aqui Montaigne, novamente, é notável por sua independência intelectual. Em seu ensaio "Dos inválidos", sob muitos aspectos um veículo para seu ceticismo sobre feitiçaria, ele diz que "os feiticeiros da minha vizinhança ficam em perigo de vida quando aparece algum novo autor cuja opinião dá corpo às fantasias deles". Portanto, ele vê claramente o modo como a crença popular tradicional fornece a matéria-prima para a interpretação demonológica, e prossegue advertindo sobre o perigo de se usar a sanção bíblica ("A feiticeira não deixarás viver")* para sustentar as histórias desconexas trazidas por testemunhas "seja fornecendo provas contra outros ou contra si mesmas", o que quer dizer que devemos desconfiar tanto de confissões quanto de acusações.

Ele dá o exemplo de um príncipe que, com o intuito "de vencer minha incredulidade", lhe mostrou uns dez ou doze feiticeiros que mantinha prisioneiros. Eles confessaram abertamente sua feitiçaria e traziam em seus corpos, insistiu o príncipe, evidências da marca do demônio. Montaigne teve permissão para falar com eles e fazer-lhes tantas perguntas quanto desejasse, mas concluiu: "No final, em sã consciência, eu teria preferido prescrever-lhes heléboro (tratamento para doença mental) a cicuta (veneno fatal)."

O ceticismo de Montaigne é, pois, mais oportunista do que estrutural; menos uma negação dogmática do conhecimento (que

---

* Êxodo 22:18. (N.T.)

em si cheira a presunção) e mais uma resistência à mentalidade inquisitorial que caracterizava a vida intelectual do século XVI. O destacado jurista Jean Bodin defendia que, em casos de feitiçaria, até mesmo crianças poderiam ser torturadas para que revelassem realidades da prática difíceis de identificar. Montaigne, ao contrário, sabe que tais medidas somente dão origem a mais ficções:

> A tortura é uma invenção perigosa e, além do mais, parece ser mais uma prova de paciência que de verdade. Tanto o que tem força para suportá-la esconde a verdade quanto aquele que não tem, pois por que a dor deveria antes me fazer confessar o que é do que me forçar a dizer o que não é?

Quanto a si mesmo, Montaigne prefere "manter-se ligado ao sólido e ao provável", o que está à mão. "Nossa vida", diz, "é real e essencial demais para comportar esses acidentes sobrenaturais e fantásticos". E, tangendo a nota grave de compaixão que sublinha sua obra, ele conclui: "Afinal, assar um homem vivo por causa das suposições de alguém é valorizar demais essas suposições."

Montaigne, portanto, vê a necessidade de o conhecimento humano retornar aos objetos tangíveis: descreve o tato como o sentido "mais próximo, mais vívido e substancial" e capaz de "derrubar todas as excelentes resoluções estoicas". Além disso, é uma crença que caracteriza não somente a sinfonia da "Apologia", mas de alguns de seus primeiros ensaios, tais como "Nossos sentimentos se estendem além de nós" e "Como a alma descarrega suas paixões sobre falsos objetos quando os verdadeiros lhe faltam". Aqui Montaigne conclui que "o mais universal dos erros humanos" é estar "sempre boquiaberto com as coisas futuras":

> Nunca nos sentimos em casa, estamos sempre além de nós mesmos. Medo, desejo, esperança ainda nos empurram em direção ao futuro e nos privam do sentimento e consideração daquilo que existe, para nos distrair com o pensamento do que virá, mesmo quando não mais vivermos.

E, no entanto, não podemos escapar de nossa consciência tátil, imediata, dos assuntos humanos. Ele conta que Eduardo I, da Inglaterra, pediu que, depois de sua morte, seus ossos fossem carregados nas campanhas contra os escoceses e relata que um conhecido seu insultava e amaldiçoava salsichas e presuntos, pois os julgava responsáveis por sua gota. Conta a respeito de homens que mastigam e engolem cartas e se sufocam com dados por achar que eles os enganaram. Depois de ver destruída uma ponte que havia construído, Xerxes, da Pérsia, tentou chicotear e acorrentar o Helesponto. E, mesmo em relação às nossas especulações mais abstratas:

> ... assim como o braço que se levanta para bater nos causa dor se erra o golpe e atinge apenas o ar... A mente quando está agitada e em movimento fica perdida em si mesma se não lhe é dado algo com que se ocupar... assim como os animais atacam a pedra ou o metal que foi jogado em cima deles... o que não escolhemos para culpar, com ou sem razão, para ter o que atingir?

A simpatia de Montaigne para com Sebond e sua impaciência com os detratores dele estão baseadas em sua percepção de que todo o nosso conhecimento – tanto natural quanto teológico – precisa estar fundamentado em pessoas, lugares, coisas – e não menos em nossos próprios corpos e egos. E, embora isso possa ser visto como um alinhamento conveniente com os rituais do catolicismo – ele diz que os protestantes tentaram estabelecer "uma fé puramente contemplativa e imaterial" que simplesmente escorrerá entre seus dedos –, também condiz com o impulso original de Montaigne para escrever: a tentativa de frear sua mente esvoaçante – adejando indolentemente como reflexos sobre a água de um tonel –, colocando-a em contato com a tarefa de escrever, algo que pode ser visto, ouvido e sentido.

Mas aqui Montaigne encontra inspiração não apenas na teologia de Sebond, mas em sua zoologia, o circo da criação de Deus: para Sebond, um texto que não poderia ser perdido ou apagado; para Montaigne, uma sinfonia de cacarejos e guinchos que considerava impossível ignorar.

6

Quando brinco com a minha gata, como sei que ela não está brincando comigo?

Quando se percorre o Museu da Aquitânia, em Bordeaux – em direção ao túmulo de Montaigne, atualmente situado perto da saída – deparamos com uma peça cujo frescor inocente parece nos proporcionar um refúgio contra o grave peso do passado. Uma escultura galo-romana de uma jovem, datada de cerca do século II, acompanhada de um frango e que segura à frente – como se posasse para um retrato – o seu gato. É uma imagem bastante singela, mas que parece de algum modo atravessar a história, como se tudo que nos separasse da garota com seu gato, suas pulseiras e seus olhos muito abertos fosse pouco mais do que uma tênue vidraça de tempo.

E talvez essa tenha sido a intenção do homem que a encomendou, ao inscrever nela "Laetus... Pai". O que pensou sobre a morte dela, não sabemos. Talvez enxergasse o futuro da filha com otimismo, vendo-a com seu gato, e com o frango de quebra, brincando num campo de lírios, na manhã eterna da vida após a morte. Mas sua morte marcou uma mudança de qualquer modo, e ele lhe deu atenção sob a forma dessa lápide, contratando um escultor para conservar de alguma maneira um pouco dela perto de si.

Montaigne parece menos reconhecível em seu sarcófago, deitado em cima dele, pequeno, inteiramente armado, lembrando um pouco um soldado de lata, mas, se ele desce de lá em noites quentes de verão e passeia pelo museu, essa é uma escultura da qual deve gostar. Ele também teve uma filha. Também gostava de animais. E, depois de observar um pouco o naturalismo da escultura, talvez percebesse uma semelhança entre a garota de rosto redondo e olhos muito abertos e seu gatinho de olhos muito abertos que o escultor pareceu ver e transmitiu com seus dedos. O pai amava a filha e também gostava do gato, pois, ao olhar o gato, olhava para ela.

~

Sempre notamos semelhanças entre nós e os outros animais. Temos brigas de gato e damos abraços de urso, nos sentimos com cérebro de passarinho ou acuados como carneiros. E, se a vaca vai para o brejo, podemos insultar os outros de porcos, galinhas ou mulas – ou recorrer àquele símbolo de nossa época de sobrepeso e superaquecimento: a baleia encalhada. Isso pode parecer conversa para boi dormir, mas, quanto mais estudamos história, mais aparecem nossas dívidas com os animais, pois surgem como o prateamento de nossos próprios espelhos, uma equação diferencial pela qual nossa humanidade é elaborada constantemente.

Por exemplo, a palavra "gato" é derivada do latim "catus", que também podia significar pessoa de raciocínio rápido ou esperta (os egípcios chamavam seus gatos de forma encantadora: *miau*). Mas decidir o que veio primeiro, o gato ou o esperto como um gato, resulta numa situação de ovo ou galinha. A Câmara dos Touros, nas cavernas de Lascaux, cem quilômetros a leste de Montaigne, demonstra como é antiga a obsessão do homem com os animais, ainda mais numa caverna cuja acústica ecoante também sugere seu assombro com a qualidade de touro existente em si (é interessante que na Câmara dos Felinos, também em Lascaux, com seus sete leões, os ecos são bem mais sutis).

E, por toda a história da humanidade, o alfabeto dos animais tem fornecido um extenso catálogo do comportamento humano. Esopo, em suas fábulas, viu os animais como uma rica fonte de percepção moral, como Aristófanes fez em *Os sapos* e em *Os pássaros*. O ateniense Triptólemo concluiu em suas três leis que se devia honrar os pais, não machucar os animais e fazer aos deuses oferendas de frutas em lugar de animais. E, nos bestiários – enciclopédias de animais – da Idade Média, vemos uma superposição fascinante de animais e humanos: semelhanças das quais os humanos nunca poderiam se esquivar realmente, vivendo em tal proximidade com os animais e sendo eles próprios animais.

No pensamento medieval se atentava para o fato de que na Bíblia os animais tinham sido criados antes do homem, a quem, portanto, eram destinados a servir. Isso podia se dar sob a forma de alimento ou pelo trabalho, como animais do campo, ou simplesmente proporcionando diversão como os pavões e os chimpanzés. No caso dos leões e ursos, estavam aqui para nos lembrar do brado de Deus. Mas filósofos como Tomás de Aquino começaram a teorizar sobre as diferenças entre os animais e nós e explicaram que aos animais faltava a razão – especificamente a capacidade de olhar para o passado ou para o futuro. Nossa humanidade estava, portanto, até certo ponto, em proporção inversa à nossa animalidade: quanto mais nos afastássemos dos animais, mais humanos nos tornaríamos.

Ao mesmo tempo, frequentemente animais e seres humanos são vistos como compartilhando atributos. Pode-se dizer que o pensamento medieval procurava mais semelhanças que diferenças ao analisar fenômenos, e os animais serviam de analogias convenientes de virtudes morais e espirituais. Bestiários do século XII contam como o farejar de uma fuinha representa aqueles que ouvem a palavra de Deus, mas se distraem facilmente. Descreve como o castor macho,

cujos testículos eram considerados possuidores de valor medicinal, os arranca com os dentes quando perseguido e os atira no rosto do caçador. Se caçado uma segunda vez, mostra sua automutilação: "Quando o caçador vê que o castor não tem testículos, deixa-o em paz" – espantosamente, isso servia como alegoria para como deveríamos renunciar a nossos pecados e jogá-los na cara do diabo, que então deixaria de nos molestar. O filósofo Jacob ibn-Zaddik, do século XII, assim concluía: "Não há nada no mundo que não tenha sua correspondência no homem... Ele é corajoso como o leão, temeroso como a lebre, paciente como o cordeiro, inteligente como a raposa."

Essas semelhanças podiam também funcionar em dois sentidos – de animal para homem, mas também de homem para animal. Em seu *De humana physiognomia*, de 1586, Giambattista della Porta mostrava como a face de um homem era um augúrio de seu destino, relacionado com o animal com o qual ele mais se parecia, tal como um cavalo ou um leão.

E, na literatura do século XVI, os animais eram constantemente invocados como definidores dos aspectos mais baixos do comportamento humano. O escândalo de *O príncipe*, de Maquiavel (1513), residiu em seu conselho de que um príncipe deveria espojar-se intencionalmente em sua natureza animal: "Portanto, já que um príncipe é obrigado a saber agir como um animal, ele deve aprender com a raposa e o leão; porque o leão não tem defesa contra armadilhas e a raposa não tem defesa contra os lobos."

A escrita de Montaigne é repleta de animais – a trilha sonora de cacarejos, relinchos e arranhões do *gentilhomme campagnard*. Fala com conhecimento de causa sobre agricultura, pecuária e caçadas. Olha para sua criação de aves e se pergunta como o galo sabe quando cantar. Mas, naturalmente, o lugar de honra na criação de Montaigne, e de acordo com seu *status* de *seigneur*, pertence ao cavalo.

Montaigne, de baixa estatura, se sentia mais à vontade na sela: "Não tenho pressa de apear quando estou montado num cavalo; é onde me sinto melhor, com saúde ou doente." Ele demonstra o amor do nobre por cavalgar e discute sobre a arte de comprar um cavalo, de examinar a "beleza de sua cor ou a largura de seus quartos traseiros... suas pernas, seus olhos e patas". Uma rédea mal presa ou uma correia solta o deixava de mau humor o dia inteiro. E, no relato da melancolia que se seguiu ao seu afastamento, compara sua mente a "um cavalo fujão" que sua escrita tentará domar e subjugar. Segue comparando o discurso a um cavalo e comenta que um cavalo "mostra sua verdadeira força ao fazer uma parada brusca e súbita". E ali termina a sua frase.

Pode-se dizer que o francês moderno inicial possuía quase tantas palavras para cavalo quanto as cinquenta míticas palavras inuit* para neve – *destrier, palefroi, haquenée, haridelle, pouter, poulin* e *roussin* –, tal era a variedade de usos a que se destinava um cavalo. A primeira palavra significava um cavalo de guerra, ao qual Montaigne dedica um ensaio, a última significava um cavalo de carga, como o cavalo montado por um empregado que se chocou contra Montaigne quando este estava cavalgando. Mas era também a montaria de Dom Quixote, para o qual, depois de quatro dias de reflexão, ele deduziu um nome – Rocinante, que queria dizer um cavalo que havia sido de carga –, obviamente uma analogia ao próprio Dom Quixote envelhecido. E essa fascinação com a relação entre cavalo e cavaleiro aparece sem cessar através da história: de Bucéfalo

* Família de línguas faladas pelos inuits, atualmente o termo preferido para designar os povos nativos do Ártico Canadense e da Groenlândia em lugar de esquimós. (N.T.)

a Black Bess e Black Beauty,* cujas aventuras Wittgenstein estava lendo quando morreu.

Montaigne não é exceção. Em seu ensaio sobre cavalos de guerra, descreve como Bucéfalo parecia um touro (nesse aspecto se parecendo com o próprio Alexandre) e não permitia que nenhuma outra pessoa o montasse. Lamentando sua morte, Alexandre batizou uma cidade em sua homenagem (Bucéfala, atualmente Jhelum, no Paquistão). O cavalo de César tinha as patas dianteiras com os cascos divididos em artelhos, como os pés de um homem, e César o montava em pelo, sem segurar com as mãos, cavalgando a toda velocidade, observa Montaigne com admiração.

Segue relatando como os mamelucos** islâmicos se gabavam de ter os melhores cavalos para uso militar do mundo, que podiam distinguir aliados de inimigos e que entravam nas batalhas escoiceando e mordendo e podiam segurar lanças e flechas com os dentes. Os conquistadores espanhóis, considerando-se bastante ricos, chegaram a enfeitar suas montarias com ferraduras de ouro. Por outro lado, o exército do sultão otomano Bajazet, congelado pelo inverno russo, encontrou uma última utilidade para seus cavalos ao eviscerá-los e entrar em suas barrigas. Montaigne faz uma pausa como que para permitir que seu leitor tome fôlego, e então diz: "Vamos adiante, já que estamos aqui."

---

* Bucéfalo, cavalo de guerra de Alexandre, o Grande; Black Bess, égua de um famoso assaltante de estradas inglês, Dick Turpin (1706-1739); *Black Beauty* (*Beleza Negra*), livro campeão de vendas da autora inglesa Anna Sewell, é a narrativa autobiográfica de um cavalo (1877). (N.T.)

** Membros de antiga casta militar, originalmente constituída de escravos da Turquia, que detiveram o trono do Egito de cerca de 1250 até 1517 e continuaram poderosos até 1811. (N.T.)

Num ensaio "Dos correios", ele conta que, na Romênia, os correios do grande sultão viajam a velocidades extraordinárias, tendo o direito de exigir um cavalo descansado de qualquer pessoa que encontrem, dando-lhes o animal exausto em troca. Mas ele considera os franceses os melhores cavaleiros do mundo – razão pela qual, segundo Tasso, suas pernas são tão curtas. Vê um homem cavalgando com os dois pés na sela, tirar a sela e colocá-la novamente, arrancar alguma coisa do chão e atirar para trás com um arco, tudo isso a pleno galope. Por outro lado, outro francês, o excêntrico teólogo Pierre Pol, cavalgava por Paris sentado de lado na sela – "como uma mulher", zomba Montaigne.

Reserva um desprezo especial para os coches, que são efeminados e lhe dão náuseas. Não os suporta, nem às liteiras, aos barcos e a "todos os outros meios de transporte que não sejam o cavalo, tanto na cidade quanto no campo". Cita a degradação de Heliogábalo, "o homem mais efeminado do mundo", cujo coche era puxado por dois cervos e, em outras ocasiões, por quatro mulheres nuas, "tendo-se feito conduzir por elas com pompa e totalmente nu". O coche do imperador Firmo era puxado por dois enormes avestruzes, de modo que parecia prestes a levantar voo.

Mas, para Montaigne, o lugar para se estar é no lombo de um cavalo. Ele "preferia ser um bom cavaleiro a ser um bom lógico" e preferiria morrer sobre um cavalo a morrer em sua cama. Observa que Platão prescreve o ato de cavalgar para a saúde em geral e que Plínio diz que é bom para o estômago e para as articulações, pois, ao cavalgar,

> o corpo não fica ocioso nem exausto, e a agitação moderada o mantém em forma. Embora sofrendo com uma pedra no rim,

> eu posso estar a cavalo sem desmontar ou ficar cansado, por oito ou dez horas de cada vez...

Para Montaigne "existir consiste em movimento", e ele viaja à moda espanhola, por longos períodos, em vez de parar para fazer as refeições, e diz que "meus cavalos se dão melhor assim". Ele lhes dá água com a maior frequência possível, com o cuidado de lhes dar bastante tempo para absorvê-la entre as paradas, e diz que nenhum dos que suportaram o primeiro dia o deixou na mão. Além disso, pensamentos interessantes lhe ocorrem "onde menos espero... montado a cavalo, à mesa e na cama, mas principalmente montado a cavalo, onde sou mais propenso a pensar".

E o pensamento que surge enquanto Montaigne trota é uma nova curiosidade sobre as habilidades dos animais, mas em inteiro contraste com a trajetória intelectual geral da época.

O movimento humanista, em cujo espírito Montaigne foi educado, via na capacidade do homem para a linguagem a essência da humanidade, o que o distinguia dos animais. Mas a mobilidade ascendente característica do humanismo renascentista resultou numa crescente separação entre nós e nossos amigos de quatro pernas. O potencial do homem estava em alta, mas, em consequência, o resto da criação recebia uma visão simplificadora. Assim, num dos manifestos do humanismo, *Oração sobre a dignidade do homem*, de Pico della Mirandola (1486), ele recorre aos animais para contrastar com a ambição humana:

> "O homem é um animal de natureza diversa, multiforme e destrutível." Mas por que enfatizo isso? Para que entendamos que tendo nascido nesse estado e de modo que possamos ser o que queiramos, já que estamos em posição privilegiada, devemos então tomar um cuidado especial para que ninguém possa nos acusar de não sabermos que somos semelhantes aos animais de carga brutos e sem inteligência.

O humanista holandês Desidério Erasmo, em seu *Manual de um soldado cristão* (1503), diz, de maneira parecida, que o homem tem "uma alma constituída de uma coisa muito boa e um corpo como se fosse um animal bruto ou sem inteligência", mas aconselha que, por meio das escrituras e do amor de Deus, se pode subir na cadeia alimentar:

> Abrace zelosamente esta regra, de não ter vontade de se arrastar no chão com animais sujos, mas, apoiado naquelas asas cujo crescimento Platão acha que é induzido em nossas mentes pelo calor do amor, se lance de uma maneira nova e se eleve como nos degraus da escada de Jacó do corpo para o espírito, do visível para o invisível, da letra para o mistério, das coisas sensíveis para as inteligíveis...

No cerne do otimismo de Erasmo está a tradução da "letra" para o "espírito" da palavra de Deus – isto é, conhecimento e entendimento bíblicos. E foi essa virada humanista e culta, ampliada pelo desenvolvimento da alfabetização que se seguiu à invenção da imprensa, que levou a linguagem, em lugar da razão somente, a ser cada vez mais considerada como a marca distintiva do homem.

Com a proliferação de textos impressos, a linguagem se tornou mais visível, tornando óbvio que os animais não liam. No século XVII, Edward Reynolds concluiu, portanto, que era um claro sintoma de "melancolia" – isto é, loucura – pensar que "elefantes e pássaros e outras criaturas têm uma linguagem por meio da qual conversam entre si".

Outros aderiram a essa noção de os animais serem incapazes de falar e, portanto, serem mais desprezíveis do que nós. Hamlet, de Shakespeare, reserva os piores insultos para sua mãe viúva, que considera ter aceitado cedo demais seu tio como marido, de modo lascivo e *animal*: "Ó Deus, um animal a quem falta o discurso da razão/ Teria tido um luto mais longo!"; e a compara a um porco: "Ensopado na corrupção, adulando e fazendo amor/ Na asquerosa pocilga." O espetáculo silencioso que abre "A ratoeira", a peça dentro da peça de Hamlet, destinada a atingir a consciência de Claudius, é, portanto, não só um artifício da trama, mas um retrato apavorante da inconsciência "muda" e bestial de sua mãe.

Mas pode-se dizer também que as coisas não estavam boas para os animais de um modo geral. No mundo cada vez mais polarizado da Europa da Reforma, a animalidade se tornou uma linguagem comum de insulto. Os protestantes descreviam o papa como "a besta do apocalipse" e Lutero publicou um folheto que descrevia o surgimento alegórico de um papa-jumento e de um monge-bezerro. A vivência das pessoas com os animais também estava ficando mais distante e confinada. Nas cidades em expansão do século XVI, as pessoas tinham uma relação menos orgânica e mutuamente dependente com os animais e os sentiam mais como parasitas e pragas – como os cachorros ou os ratos – ou os viam apenas como carne. E, à medida que os mercados se ampliavam e a liquidez aumentava, os animais eram cada vez mais negociados e traficados, mortos e esfolados com pouco sentimento.

A conclusão lógica para essa desvalorização dos animais veio com o *Discurso do método* de Descartes (1637), com sua teoria de "animais-máquinas". Aristóteles tinha argumentado que os animais possuíam "espíritos animais" que lhes davam o movimento, coisa que compartilhavam com os seres humanos. Mas para Descartes o movimento dos animais podia ser entendido simplesmente como atividade mecânica – uma extensão do mecanismo preciso do universo. O corpo do homem também podia ser entendido sob o ponto de vista mecânico, mas a diferença estava em que os animais agiam apenas de acordo com a "disposição de seus órgãos" – como autômatos – e nunca "usavam a fala ou outros sinais como nós fazemos quando registramos nossos pensamentos para proveito de outros".

Portanto, não era simplesmente a razão – a capacidade de olhar para o futuro e para o passado –, mas uma autoconsciência cognitiva interior, que se considerava como diferenciadora dos animais e de nós humanos: era a isso que a fala dava expressão. O médico Walter Charlton, escrevendo pouco depois de Descartes, então afirmou:

> ...nada se aproxima mais de um absurdo manifesto que se supor que um cachorro possa dizer, interiormente, "eu imagino que imagino" ou "eu percebo que estou percebendo a essência" e outras coisas equivalentes; isso é uma ação de uma superioridade bastante singular, acima de tudo o que observamos como oriundo dos cachorros ou de quaisquer dos mais capazes e espertos animais da natureza.

Mas o resultado desagradável disso entre alguns dos seguidores de Descartes foi que se negou o sentimento aos animais. Como Nicolas Malebranche concluiu cruelmente: "Eles comem sem prazer, choram sem dor, crescem sem ter consciência disso; eles não têm desejos, nada temem e nada sabem" – e, segundo relatos, chutou um cachorro para efeito de ilustração.

A perfeição humana que era propalada pelo projeto humanista parecia ter sido alcançada: o homem erguera uma barreira de arame farpado de linguagem e consciência entre si e os outros animais, os quais eram não somente inferiores, mas também qualitativamente diferentes. O homem se tornou a medida de todas as coisas – "os senhores e mestres da natureza", como Descartes definia –, mas os animais eram os bodes expiatórios necessários. A rédea aristotélica que nos atava às criaturas companheiras nossas foi abandonada.

Montaigne é admirável por sua independência intelectual. Para ele, o fato não é que os animais não possuam uma linguagem, mas que simplesmente *nós não os entendemos*:

> Por certo latido, o cavalo sabe que um cachorro está zangado; diante de outro som, não tem medo. Mesmo nos animais que não têm voz, pela mútua bondade que vemos neles, podemos facilmente argumentar a favor de outra forma de comunicação: seus movimentos conversam e falam.

Aqui, na seção central de "Apologia", usando exemplos tirados de Sexto e Plutarco, Montaigne permite que seu interesse pelos animais assuma o centro do palco. Coloca entre parênteses a razão humana ao observar que outras criaturas possuem conhecimento do mundo e se comportam com empatia em relação à natureza e não como oposição. Cita Aristóteles sobre o modo como as perdizes dão gritos diferentes dependendo do ambiente em que se encontram. E, embora não entendamos os animais, não há dúvida de que nos entendem, e inconscientemente adequamos a linguagem que usamos em função deles sem ter consciência disso:

> De quantas maneiras diferentes nós falamos com nossos cachorros e eles nos respondem? Com outra linguagem e com outras palavras, nós chamamos pássaros, porcos, bois, cavalos e mudamos o idioma de acordo com a espécie.

De certo modo, portanto, Montaigne permanece na essência do humanismo – traduzindo e ampliando nossas habilidades linguísticas –, mas continua avançando, além do latim e do grego, para "cão", "cavalo" e "perdiz", forçando os limites da troca linguística – "sacudindo", como escreve em outro lugar, "as últimas cercas e barreiras do conhecimento".

Portanto, os animais nunca deveriam ser tratados com condescendência. Montaigne relata a história de Plutarco sobre como a pega de um barbeiro podia imitar qualquer coisa que qualquer pessoa dissesse. Um dia, alguns tocadores de trombeta pararam e tocaram uma fanfarra na frente da barbearia, depois do que a pega ficou "pensativa, muda e triste" a ponto de todos pensarem que o som a havia humilhado e a tornado muda. Esse tempo todo, no entanto, estava estudando a partitura em sua cabeça, como se viu quando ela irrompeu "expressando perfeitamente as melodias, alcances de som e variações". Os elefantes, Montaigne comenta, admirado, talvez tenham religião, pois, após muitas "abluções e purificações", nós os vemos levantar as trombas em direção ao sol nascente e "ficar imóveis um longo tempo em meditação e contemplação".

E alguns animais podem ser não apenas capazes de falar, mas de conhecer números: os bois do palácio de Susa, na Pérsia, foram treinados para puxar água cem vezes por dia, mas, numa operação padrão bovina, se recusavam a trabalhar mais uma única volta de um minuto. Já somos adolescentes, Montaigne observa, quando conseguimos contar até esse número. E até num nível mais baixo as criaturas possuem habilidades de negociação que qualquer diplomata da Renascença admiraria. O filósofo Cleantes observou com paciência uma negociação entre dois grupos de formigas, até que um verme foi pago como resgate e o corpo da formiga morta em questão foi trazido para fora com cavalheirismo.

Observando andorinhas, Montaigne admira seu conhecimento de matérias-primas, mas também sua delicadeza ao juntar musgo para os ninhos para que "os membros delicados dos filhotes se acomodem de modo mais macio e confortável". Há sociedade mais bem-organizada do que a das abelhas?, pergunta Montaigne. As aranhas sabem afrouxar e puxar os fios de suas teias. Ele observa que os animais vão à guerra e conta como o cerco da cidade de Tamly foi levantado depois que o exército que a sitiava foi desbaratado por abelhas. Além disso, "quando voltaram do combate, não faltava uma só abelha". Os animais também sabem como se medicar, observa o hipocondríaco Montaigne. As tartarugas tomam manjerona como purgante. Cegonhas se medicam com lavagens de água do mar. Elefantes arrancam flechas e dardos não só de si mesmos como dos membros de seus donos. Dizer que isso lhes é dado apenas pela natureza é negar aos animais "ciência e sabedoria".

No entanto, para Montaigne, a lição é que a arrogância habitual de nossa espécie – nós nos achamos melhores do que os animais – pode ser também um sintoma de nossa ignorância:

> O defeito que impede a comunicação entre eles e nós, por que não pode ser nosso tanto quanto deles? Ainda se desconhece de quem é a culpa de não nos entendermos – pois não os entendemos melhor do que eles nos entendem. Pelas mesmas razões eles podem nos achar tão selvagens quanto nós os achamos.

E, com isso, nossa ascendência moral sobre os animais é posta em questão. De acordo com Demócrito, aprendemos muitas de nossas habilidades com os animais: com a aranha, a tecer e costurar; com a andorinha, a construir; com o cisne e o rouxinol, a cantar (podemos realmente nos perguntar se o homem teria imaginado poder voar se os pássaros não existissem). Os peixes com sua beleza iridescente e simetria são mais atraentes do que nós. É, portanto, como resultado da "vaidade" de sua imaginação que o homem:

> atribui qualidades divinas a si próprio, se afasta e se separa do conjunto das outras criaturas, distribui o que pertence aos animais, seus companheiros, e lhes confere as parcelas de capacidades que considera adequadas. Como ele conhece, pelo esforço de sua inteligência, os movimentos secretos e interiores dos animais? A partir de que comparação entre eles e nós o homem deduz a estupidez que atribui aos animais?

Pois de muitas maneiras os animais parecem estar mais bem-adaptados à vida do que nós, a natureza "os acompanha e os conduz pela mão". O cético grego Pirro ficou preso num pequeno barco durante uma tempestade, seus companheiros de viagem estavam aterrorizados com o vento, as ondas e a ideia de morte. Mas Pirro observou um porco que estava a bordo suportando a tempestade com serenidade suína e o apontou aos seus companheiros como exemplo a ser seguido. "Qual a vantagem do conhecimento das coisas", pergunta Montaigne, "se isso nos coloca em situação pior do que o porco de Pirro?"

E ainda contra a acusação cartesiana de que os animais não têm capacidade de ter experiências subjetivas, Montaigne conta como, da mesma forma que é capaz de evocar uma imagem de Paris pelo poder de sua imaginação,

> o mesmo privilégio, afirmo, parece claramente evidente nos animais: pois vemos um cavalo acostumado às trombetas, aos arcabuzes e à guerra, tremendo em seu sono, quando deitado em sua palha, como se estivesse no meio dessas coisas. É claro que ele concebe em sua mente o som do tambor sem o barulho, um exército sem armas ou soldados... A lebre que o galgo imagina num sonho, atrás da qual o vemos resfolegando, esticando o rabo, contraindo as coxas e representando perfeitamente os movimentos da caça, é uma lebre sem pelo, sem ossos.

Em seus sonhos, suas esperanças, seus desejos e medos inconscientes, os animais não diferem de nós se ao menos nos dignarmos a observar. Ele relata um episódio que ocorreu durante a conquista do México:

> Logo que os espanhóis se encontraram com os recém-descobertos povos das Índias, os mexicanos tiveram tal impressão sobre eles e seus cavalos, que os viram como deuses e animais enobrecidos, acima de sua natureza. Alguns, depois que foram conquistados, vindo suplicar por paz e perdão, trazendo ouro e provisões, não deixavam de oferecer as mesmas coisas aos cavalos, com as mesmas palavras que usavam com os homens, interpretando seus relinchos como uma linguagem de conciliação e trégua.

É um momento complexo de tradução cultural e zoológica. Um escritor menos interessado veria as ações dos astecas como estupidamente equivocadas e zombaria delas. Mas Montaigne não. O que ele percebe é que, livre de suposições "civilizadas", os astecas viram algo que os espanhóis não tinham visto – que seus cavalos poderiam ser criaturas sofisticadas com a capacidade de comunicação. Mas o interessante é que Montaigne deixa os espanhóis fora da discussão na qual uma trégua de amizade e confiança é selada, não entre eles e os astecas, mas entre os astecas e os cavalos. Num momento de conquista, os espanhóis são mantidos na sombra e são superados no triunfo, sem ao menos saberem.

Os animais, portanto, trazem uma lembrança disciplinadora sobre nosso lugar na criação, e Montaigne reconhece "certa relação entre eles e nós e certa obrigação mútua": "Vivemos, eles e nós, sob o mesmo teto e respiramos o mesmo ar: há, para mais ou para menos, uma perpétua semelhança entre nós." Reconhece, então, ter por natureza uma ternura infantil e "não consigo rejeitar facilmente meu cachorro quando ele se oferece para brincar comigo, mesmo num momento inoportuno". Aliás, a humanidade tem um "dever" não apenas em relação aos animais, mas também em relação "às arvores e plantas"; ele observa que nosso apetite imoderado tem excedido "todas as invenções com as quais tentamos satisfazê-lo". Tudo isso ele diz para "nos trazer de volta e nos integrar ao grande conjunto da criação" e para vermos "a semelhança que há entre todos os seres vivos".

Igualmente importante para Montaigne é o que os animais revelam sobre nós. E aqui eles servem não somente como um limite à nossa presunção, mas como um guia na trilha que nos conduz para fora de nossa prisão cética: que poderia haver outra resposta à pergunta – "Que sçais-je?" –, mas para a qual quase nos tornamos cegos.

Pois quando Montaigne escrevia a edição final dos *Ensaios*, nos anos imediatamente anteriores à sua morte, ele acrescentou à sua pesquisa sobre os animais uma imagem mais animada, mas que talvez ajude a resumir sua atitude como um todo:

> Quando eu brinco com a minha gata, como sei
> que ela não está brincando comigo?

A frase ficou famosa como uma expressão do ceticismo de Montaigne – isto é, não sabemos se os animais de estimação estão brincando conosco ou não; somos muito ignorantes para realmente saber (e nesse ponto pode-se enfatizar o sentido literal do original francês: "qui sçait si elle passe son temps de moy plus que je ne fay d'elle?/ "quem sabe se ela passa mais seu tempo comigo do que eu passo com ela?"). Quer dizer, em vez de *ela* ser o animal de estimação *dele*, *ele* é que é o *dela*? (Ou como o escritor do século XVII, Samuel Butler, gracejou cinicamente: "Como Montaigne, brincando com sua gata/ se queixa de que ela não o considera mais que um asno...").

Mas Montaigne prossegue e faz outro acréscimo ao seu ensaio, que sobrevive na edição publicada postumamente em 1595:

> Nós nos entretemos com macaquices semelhantes. Se eu tenho minha hora de começar ou de me recusar a brincar, ela também tem a dela.

E aqui fica claro que Montaigne está dizendo que *realmente* sabe que a gata está brincando com ele, porque é capaz de ver a sua própria experiência (de querer ou de se recusar a brincar) refletida nas ações dela. Uma vez que ele supera sua "presunção natural" da superioridade da espécie, é capaz de ler e compreender os movimentos e gestos dela, como ela lê e compreende os seus. E significativo aqui é a mudança do "eu" e "ela" para o "nós" reflexivo ("Nous nous entretenons..."). De uma posição de separação e distância, de duas identidades separadas, duas espécies diferentes, Montaigne e sua gata se tornam, em sua brincadeira mútua, um. Não exatamente uma alma em dois corpos, mas dois corpos compartilhando os mesmos movimentos, gestos e pensamentos.

Mas o ponto importante é que essa consciência recíproca é alcançada não apesar da falta de troca linguística, mas *por causa dela*: é uma linguagem próxima, de toque e gesto, de carinhos e tapinhas de brincadeira, que produz um entendimento mútuo. E, nos seus acréscimos à edição de Bordeaux, ele amplia:

> Platão, em sua descrição da era de ouro sob Saturno, considerava que entre as principais qualidades do homem daquela época estava sua comunicação com os animais; ao perguntar e receber instruções deles, ele conhecia as verdadeiras qualidades e diferenças de cada um e adquiria, como resultado, maior compreensão e sabedoria e conduzia sua vida de forma muito mais feliz do que somos capazes de fazer agora.

Os animais, em contato com os "necessários, tangíveis e palpáveis" benefícios da natureza, podem, portanto, servir para instruir o homem. E, embora pensemos que não podemos nos comunicar com eles, a verdade é que em alguma época pudemos e, de fato, ainda podemos: "Eles nos saúdam, nos ameaçam, nos requisitam, e nós a eles." Ele diz que os cavalos formam "um certo conhecimento entre si" e se cumprimentam "com alegria e demonstrações de boa vontade". Além disso, essa comunicação livre e franca é compartilhada não apenas dentro da "mesma espécie, mas também com espécies diferentes". Prossegue relatando exemplos de afeição que surgem entre animais e humanos, como a relutância de Plutarco em vender um velho e fiel boi; ou o elefante que cortejou uma vendedora de flores de Alexandria com frutas antes de enfiar a tromba na blusa dela para "tastoit les tettins", como expressa Montaigne.

Mas o mais importante para Montaigne é como esse reconhecimento da comunicação animal é um trampolim para uma nova concepção do humano: como, apesar de suas divisões sectárias

– em que parece haver "mais diferença entre um homem e outro que entre alguns animais e alguns homens" –, essa separação poderia ser superada. Também significativo é que isso seja uma restauração que contraria toda a educação humanista de Montaigne. Ele, então, observa como surdos-mudos:

> Disputam, discutem e contam histórias por sinais. Vi alguns tão ágeis e capazes nisso que, na verdade, não lhes faltava perfeição em sua habilidade de se fazer entender. Amantes se zangam, se reconciliam, suplicam, agradecem, marcam encontros, em suma, dizem tudo com os olhos.

Ele cita Torquato Tasso a respeito da capacidade do próprio silêncio em pedir e conversar e especula que a fala não é necessariamente natural ou essencial. E depois, num longo comentário acrescido à edição final, Montaigne fecha o círculo de animal-para-humano e de humano-para-humano novamente, concluindo que não temos escolha senão nos comunicar de algum modo, que nossos próprios movimentos *conversam e falam* – mesmo que seja algo para o qual somos normalmente cegos:

> E quanto às mãos? Nós pedimos, prometemos, chamamos, dispensamos, ameaçamos, rezamos, suplicamos, negamos, recusamos, interrogamos, admiramos, contamos, confessamos, nos arrependemos, demonstramos medo e vergonha, duvidamos, instruímos, ordenamos, incitamos, encorajamos, juramos, testemunhamos, acusamos, condenamos, absolvemos, insultamos, desprezamos, desafiamos, escarnecemos, agradamos, aplaudimos, abençoamos, humilhamos, zombamos,

> nos reconciliamos, recomendamos, exaltamos, congratulamos, nos alegramos, nos queixamos, nos lamentamos, nos desesperamos, nos deprimimos, nos espantamos, exclamamos, ficamos quietos – e com múltiplas variações que são a inveja da língua. Com a cabeça nós convidamos, dispensamos, admitimos, negamos, contradizemos, damos boas-vindas, honramos, reverenciamos, desdenhamos, exigimos, desdenhamos, pedimos, rejeitamos, animamos, lamentamos, acariciamos, repreendemos, nos submetemos, desafiamos, exortamos, ameaçamos, asseguramos, inquirimos. E quanto às sobrancelhas? E aos ombros? Não há um movimento que não fale e numa linguagem compreensível sem ensino, numa linguagem comum a todos. Daí se conclui, diante da variedade e das diferenças entre outras linguagens, que essa deveria ser considerada a verdadeira linguagem da natureza humana.

A verdadeira linguagem da natureza humana – claro que estaríamos equivocados em tomar isso como uma proposta séria, de que deveríamos usar gestos em vez de palavras. Mas o interessante na lista de Montaigne é que incorpora amizade, mas também inimizade: agradamos, respeitamos e recebemos bem, mas também ameaçamos, repreendemos e desafiamos. Mesmo quando pensamos que estamos cortando relações humanas, estamos forjando-as. E isso abre caminho para um otimismo cauteloso: que, a despeito das rupturas e divisões abertas pela guerra civil, as pessoas conservam a capacidade de se comunicar. Nossos corpos estão empenhados num tipo de troca que nos une, a despeito das diferenças de nossos pensamentos – como Montaigne, inspirado pelo exemplo dos animais, observa:

> Há certas inclinações de afeto que às vezes brotam em nós sem o conselho da razão, vindas de um acaso do destino que outros chamam de simpatia; disso os animais são tão capazes quanto nós.

Apesar de nossas diferenças políticas e religiosas, os homens têm uma disposição inata para a comunicação, e o reconhecimento disso permitirá que a verdade – ou melhor, a confiança – encontre um caminho.

A fascinação de Montaigne pelos animais é, claro, construída a partir da reunião variada de fatos e meios-fatos, anedotas, fábulas e histórias absurdas. E, embora não possamos realmente aprender nada em detalhes sobre animais com Montaigne, sobre o comportamento verdadeiro deles ou se são ou não "conscientes" (embora seja discutível se essas questões devem ser tomadas como base para nossas ações em relação aos animais), o que podemos captar é que, às vezes, é útil deixar nossas mentes se soltarem das rédeas por um momento. Ao contrário de Descartes e de muitos pensadores posteriores, Montaigne não ergue uma cerca entre nós e os animais, mas enxerga os seres humanos como parte da grande cadeia da criação – o que hoje chamamos de evolução –, o que o torna mais humano do que muitos escritores anteriores ou posteriores.

E talvez essa crença de que os animais podem nos dizer algo sobre nós, mesmo em termos do que nos falta, foi talvez o motivo que levou Wittgenstein a ler *Beleza Negra* quando estava morrendo de câncer de garganta em Cambridge, em 1951. Wittgenstein tinha um grande interesse na visão de mundo de outras criaturas. Suas *Investigações filosóficas* destacam um pato-coelho,* um ganso, uma vaca, um leão e um cachorro hipócrita. Quando esteve num chalé afastado em Connemara, na costa oeste da Irlanda, domesticava pássaros (piscos-de-peito-ruivo e tentilhões) para comerem em sua mão. Dizem que classificava os colegas de Cambridge com os nomes dos animais com que eles mais se pareciam. Também foi dito que pode ter sofrido de síndrome de Asperger** – que se manifestava em sua necessidade de ordem e de previsibilidade e por uma dificuldade em lidar com a complexidade dos assuntos humanos normais.

Daí, talvez, seu interesse por *Beleza Negra, a autobiografia de um cavalo*, escrito por Anna Sewell, então inválida, em 1877, para instruir as pessoas a respeito do sofrimento dos cavalos. A corajosa inovação de Anna Sewell foi narrar a história somente do ponto de vista do cavalo, anunciando na folha de rosto: "traduzido do equino". Assim tomamos conhecimento da vida de trabalho de Beauty e sua relação com seus donos humanos, às vezes bondosos, mas frequentemente cruéis. Mas, no final do livro, ele é posto no

---

* Duck-rabbit – imagem ambígua famosa. É um pato? É um coelho? Quem primeiro chamou a atenção sobre o "duck-rabbit" foi o psicólogo americano Joseph Jastrow (Jastrow 1899, p. 312; 1900); o desenho de Jastrow se baseou em outro publicado na *Harper's Weekly* (19 /11/ 1892, p. 1114), que por sua vez se baseou numa ilustração anterior em *Fliegende Blätter*, uma revista humorística alemã (23/10/1892, p. 147). (N.T.)

** Síndrome de Asperger – transtorno de desenvolvimento caracterizado pela dificuldade no relacionamento social e por padrões de comportamento repetitivos. Quem a identificou foi o psiquiatra austríaco Hans Asperger (1906-1980). (N.T.)

pasto e aqui, na última página, finalmente recupera sua serenidade natural:

> Willie fala comigo sempre que pode e me trata como um amigo especial. Minhas senhoras prometeram que eu nunca serei vendido; portanto, nada tenho a temer; e aqui termina minha história. Meus problemas se acabaram e me sinto em casa; e muitas vezes, antes de estar completamente acordado, imagino que ainda estou no pomar em Birtwick, debaixo das macieiras, com meus amigos.

Wittgenstein passara grande parte de sua vida filosofando sobre como se poderia abrir mão da filosofia. Aqui, quando está no fim de sua vida brilhante, mas um tanto solitária, terá tido uma visão semelhante à dos últimos dias de Beauty – um momento de tranquilidade, com amigos por perto, sem ser incomodado pelas tempestades e furacões da dúvida filosófica: finalmente, filosoficamente, "em casa"?

Para Montaigne, como para Wittgenstein, os animais são interessantes porque nos ajudam a pensar tais coisas. Para Montaigne, sua gata, de maneira semelhante, permite que ele pense em sair de dentro de si para pensar sobre o que significa ser ela e, portanto, pensar o que é ser ele mesmo. E, nesse ponto, embora não haja conclusões firmes, ele parece deixar implícito que podemos aprender tanto ao nos comparar quanto ao nos diferenciar de outras criaturas – como Charles Darwin faria três séculos mais tarde em seu trabalho *Expressão das emoções no homem e nos animais*, de 1872.

Mas cá estamos de volta a *catus*: a astúcia de gato que os romanos reconheciam no que para nós hoje é apenas um substantivo concreto.

Será que a sobreposição linguística entre animal e humano resulta de uma simplicidade intelectual, mas também de uma maturidade, como a que se manifesta na crença deles em sátiros, centauros e faunos? E talvez tenha sido essa a razão para Laetus incluir o gato na lápide de sua filha: dar uma impressão mais significativa de sua essência, uma essência que não era essência, mas um zoológico balbuciante dos gestos e ações dela – uma sinfonia inacabada de animal, humano, feminino, felino, brincadeira, frango, *catus*?

Nunca saberemos. O gato conserva sua constância de olhos de mármore. Mas talvez, como diz Montaigne, por vezes haja sabedoria em não falar, coisa que fazemos bem em lembrar. Ele conta que o embaixador de Abdera falou por um longo tempo com o rei Ágis de Esparta, depois perguntou que resposta deveria levar para seus concidadãos. O rei respondeu: "Que eu o deixei falar tudo o que quis, pelo tempo que quis, sem dizer uma palavra."

"Não foi um silêncio inteligente e eloquente?", comenta Montaigne.

7

Esfregar e polir os nossos cérebros com os outros

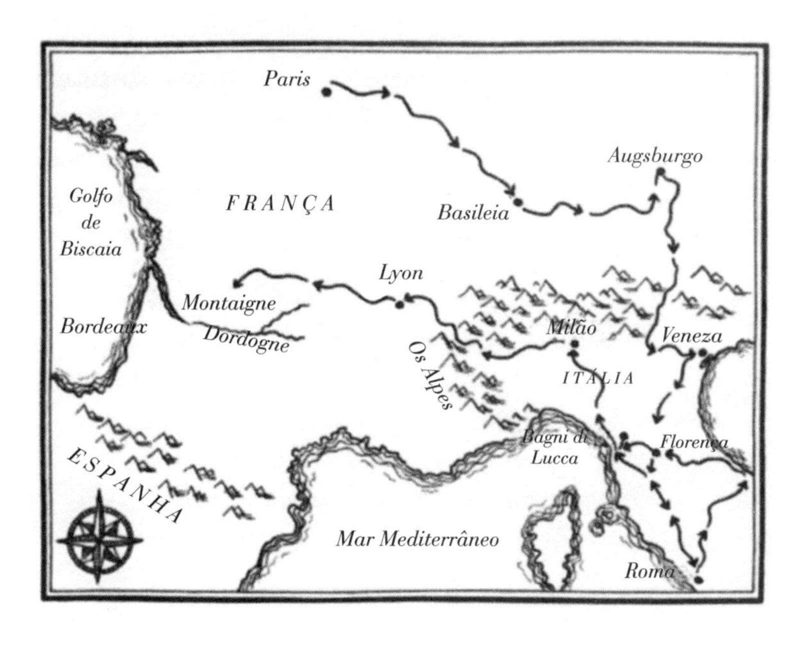

Rota da viagem de Montaigne à Itália, 1580-81

Com "Apologia de Raymond Sebond" como a peça intelectual central, Montaigne colocou os toques finais no que seria a primeira edição de sua obra; comprou papel com marca-d'água em forma de coração e levou o manuscrito rio abaixo para a tipografia de Simon Millanges em Bordeaux. Tinha 47 anos e registrou a data como 1º de março de 1580, no final do texto "Ao leitor", com que iniciou o livro:

> Aqui você tem um livro de boa-fé, leitor. Logo no início ele diz que não me propus aqui nenhum outro objetivo que não seja doméstico e privado. Não tive intenção de lhe prestar um serviço ou de me glorificar. Meus poderes não são capazes de tal projeto. Eu o dediquei à conveniência particular de minha família e de meus amigos, para que, quando me perderem (o que deve acontecer em breve), recordem algumas características de minhas circunstâncias e disposições de espírito e por meio disso alimentem inteira e vivamente o conhecimento que tinham de mim. Se minha intenção fosse buscar o reconhecimento do mundo, eu teria me enfeitado com belezas emprestadas ou me esforçado em adotar a minha melhor postura. Quero ser visto aqui no meu modo simples, natural e ordinário, sem esforço ou artifício, pois retrato a mim mesmo. Meus defeitos estão aí para serem vistos como realmente são e também a minha forma natural, tanto quanto a decência pública permite. Se tivesse sido colocado em uma daquelas nações das quais se diz que ainda vivem sob a doce liberdade das leis da natureza, eu lhe asseguro

que teria me retratado inteira e completamente nu com a maior boa vontade.

Os meses finais haviam sido de terrível tumulto para que o texto ficasse pronto, com a publicação pirata de *Discurso da servidão voluntária*, de La Boétie, tendo arruinado seus planos de incluí-lo em seu trabalho e a perda de um ensaio pelo furto de um criado. Montaigne precisava de um descanso.

Portanto, cerca de dois meses depois, em 22 de junho, Montaigne carregou cavalos e carroças com comida e roupas, cópias dos *Ensaios* e barris de vinho e partiu para uma viagem de 17 meses pela Suíça, Alemanha, Áustria e Itália até Roma. Roma era o coração espiritual da Renascença, porém seu secretário escreve que Montaigne poderia facilmente sair dos trajetos mais costumeiros e ir para a Polônia, Grécia ou algum outro lugar. No entanto, prevaleceram as opiniões dos companheiros de viagem, que eram seu irmão mais novo Bertrand de Mattecoulon, seu cunhado Bernard de Cazalis, o jovem Charles d'Estissac e um Monsieur du Hautoy, além de alguns empregados. No entanto, eles frequentemente criticavam Montaigne por desencaminhá-los, ao que ele respondia, impaciente, que "não estava indo a lugar nenhum exceto para onde se sentisse bem e que não poderia perder-se ou sair de sua rota, já que não tinha nenhum plano senão viajar por lugares desconhecidos".

Nosso conhecimento da viagem provém do *Diário de viagem* que Montaigne escreveu pelo caminho, grande parte do qual ditou a um secretário, que o transcrevia na terceira pessoa; o restante o próprio Montaigne escreveu, em italiano na Itália e em francês quando voltava para casa. Mais tarde ele usou o *Diário de viagem* para aumentar as edições subsequentes dos *Ensaios*, acrescendo detalhes sobre as casas de banhos da Itália, a crueldade das execuções públicas e a loucura do poeta italiano Torquato Tasso, a quem visitou em Ferrara, mas o manuscrito esteve perdido durante os duzentos anos seguintes. Finalmente foi achado por um historiador local num baú do castelo e publicado em 1774, mas suas páginas foram depois dispersas no redemoinho da Revolução Francesa. Nosso conhecimento do *Diário de viagem*, portanto, remonta à edição do século XVIII, que registra as duas páginas iniciais perdidas do manuscrito numa abertura digna de Gabriel García Márquez:

> ... o Seigneur de Montaigne despachou o Seigneur de Mattecoulon a toda pressa com o dito cavalariço para visitar o dito conde e soube que seus ferimentos não eram fatais.

Portanto, nunca descobrimos a identidade do conde visitado pelo irmão de Montaigne, a natureza de seus ferimentos nem, de uma maneira mais geral e em primeiro lugar, as razões para que Montaigne saísse de viagem.

As explicações mais prováveis têm a ver com o afastamento da França e das guerras religiosas e seu sentimento de frustração com as responsabilidades do gerenciamento doméstico. Poderia também estar se sentindo pródigo devido ao crescimento de sua propriedade. Mas havia também outras razões mais pessoais. Desde a primavera de 1578 Montaigne vinha sofrendo cada vez mais com pedras nos rins e, no final da primeira edição dos *Ensaios*, tomamos conhecimento de que havia experimentado banhos nas águas minerais de Chaudes-Aigues e Bagnères como uma cura possível. O *Diário de viagem* mostra seu desejo de buscar a mesma cura nas águas minerais da Itália, especialmente nos famosos banhos em Bagni di Lucca.

A viagem de Montaigne, portanto, torna-se uma viagem em torno de seu próprio corpo, uma vez que ele localiza o trajeto das pedras através dele, o movimento da comida e da água para dentro e para fora dele, a tal ponto que editores do século XIX ficaram tão ofendidos que cortaram as seções mais pesadas.

A outra razão para a viagem de Montaigne era simplesmente viajar: "Meu objetivo é apenas me manter em movimento enquanto o movimento me der prazer." Na época, viajar era considerado um mal necessário, uma atividade desconfortável e frequentemente perigosa. Mas Montaigne acha que os benefícios superam as irritações: "Viajar não me causa nenhum dano exceto no que se refere às despesas." Ele não tinha conhecido o mundo por meio do serviço militar como seu pai (que também escreveu um diário de suas viagens à Itália). E há uma sensação de que ele procura recapturar a juventude perdida: no momento da partida, tinha 47 anos, e seus companheiros eram todos, pelo menos, vinte anos mais novos. Assim, viajar se tornava um modo de restaurar a própria vitalidade:

> Viajar é um exercício proveitoso, em minha opinião. A alma é continuamente exercitada na percepção de coisas novas e desconhecidas e não conheço melhor escola... para moldar a vida do que a sugestão constante da diversidade de tantas outras vidas, gostos e costumes e a possibilidade de experimentar a perpétua variedade de formas da nossa natureza.

Seu secretário escreve sobre seu "prazer em visitar países estrangeiros" que o faziam esquecer da "fragilidade de sua saúde e de sua idade". Ao viajar, Montaigne declara, pode-se "esfregar e polir nosso cérebro" em contato com os outros. E demonstra uma consciência quase antropológica da linguagem corporal e dos costumes de outras culturas, bem como uma obsessão de mochileiro em não se deixar enganar por elas.

~

Na primeira parte de sua viagem, Montaigne viaja de casa até Paris, parando para presentear Henrique III com uma cópia dos *Ensaios*. Depois segue adiante e testemunha o cerco de La Fère, a cerca de cem quilômetros ao norte, que estava sob o poder dos protestantes, antes de descer pelas margens do rio Marne, atravessando o leste da França, e entrar na Suíça e na Alemanha.

À medida que a viagem de Montaigne avança, o que emerge é a percepção dos contrastes com seu próprio país. Na Alemanha, descreve as variações na marcação do tempo nas cidades que visita – lá os relógios batem os quartos de horas, até os minutos (na Itália, os relógios eram mais raros, para seu desgosto). Registra o preço dos cavalos, o tamanho dos pães, a forma dos chapéus, os tipos de madeiras disponíveis e que os habitantes de Remiremont pagam o aluguel anual em neve. E, se não compreende, ele pergunta. Na entrada de Lindau, nota uma velha muralha sem nenhuma inscrição e, quando pede informações, descobre que seu nome em alemão significa simplesmente "velha muralha".

Mas o que também é interessante é o gosto de Montaigne pelo extraordinário, uma disposição intelectual característica da crença pré-científica de que a natureza é entendida não pela reunião de lugares-comuns, mas pelas surpresas que guarda. Quando cavalga pelas montanhas, percebe os ecos das batidas dos cascos dos cavalos que cercam o viajante com um tamborilar constante. E nos banhos de Plombières conhece o Seigneur d'Andelot, cujo luto pelo irmão lhe deixou uma marca física:

> Parte de sua barba era completamente branca, bem como parte de sua sobrancelha; e ele contou ao Seigneur de Montaigne que essa transformação o atingira num único momento num dia em que estava em casa tomado de dor pela morte de um de seus irmãos que o duque de Alva havia matado... a cabeça estava apoiada na mão naquele lugar, de tal modo que os que lá estavam pensaram que era um pouco de farinha que, de alguma maneira, lhe tinha caído na mão. Permaneceu assim desde então.

Conhece um comerciante de Cremona com demência que não consegue terminar o "pai-nosso" – "no final, nunca sabia que havia começado, nem, no começo, que havia chegado ao fim" – e que usa, de forma apropriada, um chapéu com uma larga aba de penas. Visita os estábulos do duque de Florença onde vê um estranho carneiro, um camelo e algo "do tamanho de um mastim muito grande com a forma de gato, todo listado de branco e preto, que chamam de tigre".

Montaigne também demonstra um ávido interesse prático e tecnológico, mentalidade que viria a se reunir de maneira apropriada na revolução científica. Aprende com um carpinteiro que o número de anéis no tronco de uma árvore é igual à sua idade e vê o torno mecânico e os instrumentos para trabalhar a madeira do duque de Poggio ("um grande mecânico" em seu tempo livre). Visita uma mina de prata, uma fábrica de cartas de baralho e descreve o funcionamento de uma bomba-d'água, um sifão e um espeto acionado por mecanismo de relógio. É visitado pelo doutor Burro, da Universidade de Roma, que o presenteia com seu livro sobre as marés.

Muito de sua admiração é direcionada para a canalização. Nos jardins ornamentais de Pratolino, registra como os repuxos molham o turista descuidado e a água escoa de uma lavanderia de mármore. Na Villa di Castello, em Florença, vê uma escultura dos Apeninos na forma de um velho "de cuja barba, testa e cabelos constantemente escorre água, gota a gota, para representar suor e lágrimas". Ele se encanta com a brincadeira hidráulica grosseira dos jardins dos Fuggers em Augsburgo, onde "jatos finos e fortes de água, da altura da cabeça de um homem, enchem as anáguas e coxas das senhoras com sua friagem", pegando-as de surpresa.

E relaxa. Ri de comediantes. Manda peixes de presente a atrizes. Participa de uma rifa (tira segundo lugar) e avalia a beleza de prostitutas famosas de Florença ("nada de mais"). Compra lembranças: um barril de prata com arco, uma bengala indiana, um vaso e castanhas-da-índia (boas para o baço). Visita a biblioteca do Vaticano e observa os garranchos de Aristóteles. Desce o monte Cenis de trenó: "Um esporte agradável, sem muito risco."

A qualidade dos hotéis também proporciona uma diversão: o Post, em Piacenza, é o melhor; o Falcon, em Pavia, o pior; e o Urso,* em Roma, é muito bom (ainda sobrevive como um restau-

---

* Em italiano é Orso, no original está Bear, em inglês. Por isso a tradução para Urso. Outros hotéis ou hospedarias, não importa onde fiquem, se na Alemanha ou na Itália, por exemplo, o autor coloca os nomes em inglês. (N.T.)

rante muito caro). Lá ele foi bem-tratado "com três bons quartos, sala de jantar, despensa, estábulo, cozinha, por vinte coroas mensais, pelas quais o proprietário cedeu uma cozinheira e fogo para a cozinha".

E, durante todo o tempo, Montaigne permanece constantemente atento à sua nobreza. Presenteia as hospedagens preferidas com uma placa com seu brasão (azul celeste salpicado de trevos). Em Sterzing, rejeita o mestre-escola local, tachando-o de "nada mais que um tolo". Em Roma, fica tão ansioso para saudar outro cavalheiro que acerta o próprio olho (embora consiga tirar desse incidente uma piada sobre o polegar direito se tornar esquerdo [*sinistre*, isto é, mau]), mas ele pode ser deliberadamente vago sobre sua condição social, para que possa ser confundido com um barão ou um cavalheiro, o que corresponderia a ser elevado à primeira classe. No entanto, diante de um impertinente cocheiro italiano ele recupera a forma, dando-lhe um soco perto da orelha, provando assim o velho ditado de que um verdadeiro cavalheiro nunca hesita antes de agir de modo não cavalheiresco.

Mas o que torna Montaigne um dos mais interessantes viajantes da época é seu interesse genuíno pelas forças históricas que estavam varrendo a Europa. Quando chega à Alemanha, entra em território estrangeiro não apenas do ponto de vista político, mas também do religioso, sendo esse país o berço da Reforma. Ali, Montaigne tenta deixar em suspenso temporariamente as próprias crenças e inquirir sobre o progresso da Reforma em seu próprio terreno. Em Isny, procura o pastor local e trava com ele uma discussão teológica durante o jantar. Banca o advogado do diabo, baseando-se na crítica calvinista de que os ensinamentos de Lutero deixam implícito que Deus não está apenas na hóstia, mas em todo lugar. Nesse ponto, as coisas esquentam um pouco, e "esse doutor negou em palavras enfáticas essa imputação e se defendeu dela como de uma calúnia" (algo que ele não fez "muito bem", desdenha Montaigne em seu diário). Mas ao menos ele tem a decência de acompanhar Montaigne e d'Estissac à missa num mosteiro local, onde fica de lado e os observa em suas orações, embora mantenha o chapéu firme na cabeça.

Em Augsburgo, talvez a melhor cidade da Alemanha, Montaigne vê o protestantismo em ação. Visita uma nova igreja luterana que se parece com um grande saguão de universidade, sem imagens, órgãos ou crucifixos, com as paredes cobertas de versículos da Bíblia. E percebe que a congregação é duas ou três vezes maior que a católica. Em Kempen, pergunta ao pastor se a dança é permitida ("Naturalmente"), e por que o novo órgão tem imagens de Cristo pintadas quando as velhas imagens da igreja tinham sido apagadas. Isso o pastor atribui ao zelo iconoclasta dos seguidores de Zwinglio, pois ele próprio não fazia objeção a imagens, desde que não fossem confundidas com a coisa real. Entusiasmando-se com esse nobre francês questionador, o pastor, Johannes Tilianus de Augsburgo, convida-o à sua casa e lhe mostra a sua biblioteca – "uma biblioteca bela e bem sortida".

Em outros lugares, bolsões das velhas superstições católicas permanecem. Na Igreja da Santa Cruz em Augsburgo, Montaigne vê em exposição uma hóstia que se transformara em carne, descrevendo-a como um pequeno pedaço "com a vermelhidão de pele". Em Seefeld, a cidade ainda está assombrada com o homem que foi engolido pelo chão até o pescoço depois de ter avidamente pedido um pedaço da hóstia maior do padre. Podiam ser vistos o buraco no qual ele havia caído, agora coberto com uma grade, e a marca no altar onde ele se agarrara desesperadamente.

No entanto, a tentativa da Contrarreforma de suprimir tais superstições também está em curso. Em Landsberg, ele vai visitar os jesuítas, ocupados em construir uma nova e bela igreja. Se alguém aqui ao menos sonha com outra religião que não a católica, observa Montaigne, "é melhor ficar calado". Em Augsburgo, também visita os jesuítas, considerando alguns "muito eruditos". Mas uma reforma raramente é isenta de ambiguidade. Em Icking, os jesuítas causaram comoção ao forçar os padres a abandonar suas concubinas, que agora se queixam tão amargamente ao duque que se concluiria que algo apenas tolerado "era praticado como se fosse legítimo".

Mas, ao atravessar essas fronteiras religiosas, Montaigne percebe rapidamente as ironias e inconsistências do zelo religioso. O luterano irascível de Isny diz abertamente durante o jantar que preferiria "assistir a cem missas a participar de uma comunhão calvinista". Na Itália, principalmente em Roma, muitas igrejas têm poucas imagens, e algumas igrejas antigas nenhuma. Além disso, ainda em carne viva devido às guerras civis francesas, Montaigne registra, otimista, os lugares em que as duas crenças convivem pacificamente. Em Augsburgo, casamentos de luteranos e católicos são comuns, "a parte mais devota se submetendo às regras da outra". Na verdade, o dono da hospedaria em que está, A Tília,* é católico

* Em inglês no original "The Linden" (N.T.)

e sua mulher é luterana. E formam uma boa equipe ecumênica: a casa é divinamente limpa, com escadas lavadas e cobertas com linho, sem sinal de teias de aranha ou sujeira.

Ao sul de Augsburgo não se fala mais em protestantismo, e o uso da língua italiana começa a cerca de duas léguas (cerca de dez quilômetros) ao longo da estrada para Trento. Mas, quando entra na Itália, um tom ligeiramente desaprovador aparece no diário de Montaigne. Ele visita os jesuatos de São Jerônimo,* uma espécie de ordem religiosa, e descreve a maioria deles como "ignorantes", que se vestem com túnicas marrons e chapeuzinhos brancos, e passam o tempo destilando um licor cor de laranja. Em Verona, os homens conversam durante a missa com seus chapéus na cabeça, só parando na elevação da hóstia. E, de novo em Roma, "parece estranho" a Montaigne ver o papa e seus cardeais tagarelando durante o serviço religioso. Na quinta-feira santa, vê o papa, de pé na escadaria da basílica de São Pedro, excomungar "um número infinito de pessoas", inclusive "os huguenotes, usando este nome" e todos os príncipes que se apropriaram de terras da Igreja – à menção de cujos nomes os cardeais de Médici e Caraffa "davam gargalhadas". E, na basílica de São João de Latrão, observa novamente a conduta um tanto relaxada do catolicismo quando o cardeal de São Sisto, sentado no lugar geralmente usado por penitentes, bate com uma vara comprida na cabeça dos membros da congregação à medida que

---

* Os jesuatos eram uma ordem religiosa fundada por Giovanni Colombini de Siena em 1360. A ordem era chamada inicialmente Clerici apostolici Sancti Hieronymi (Clérigos Apostólicos de São Jerônimo) devido à especial veneração a São Jerônimo e à vida apostólica que os fundadores levavam. (N.T.)

passam, embora de modo cortês e sorridente, sobretudo "de acordo com sua condição social e beleza".

Em Pisa, os padrões teológicos caem ainda mais quando padres da catedral e frades de São Francisco brigam. Tudo começa com uma discussão sobre quem deveria conduzir o funeral de um rico paroquiano, e Montaigne, como um repórter novato, chega lá o mais rápido possível e faz um relato golpe a golpe:

> Um padre, aproximando-se do altar principal, tentou tomar posse da mesa de mármore. Um frade tentou arrastá-lo de lá. O vigário, a autoridade dessa igreja de padres, deu-lhe um tapa. Pouco a pouco, uma coisa levou a outra, e eles chegaram aos socos, usando bastões, castiçais, tochas e coisas parecidas – usavam qualquer coisa.

Não é preciso dizer que não houve a missa do funeral do rico paroquiano.

Mas Montaigne também testemunha um lado mais sinistro do poder teológico. Durante a Semana Santa em Roma um padre mostra o sudário, o tecido que tem a imagem de Cristo, usado por Santa Verônica para secar-Lhe o rosto: "um rosto repulsivo", Montaigne observa, "em cores escuras e sombrias". Ao vê-lo, a multidão ficou em êxtase, uma mulher caiu ao chão, delirando e gritando, "disseram que estava possuída". E, quando Montaigne se depara com um exorcista tratando outro possuído pelo demônio – um melancólico "que parecia meio morto" –, parece estar diante da representação de uma peça de marionetes sinistra:

> Mantinham-no de joelhos na frente do altar, com uma espécie de pano em torno do pescoço, pelo qual o seguravam firme.

> O padre lia em seu breviário certo número de rezas e exorcismos diante do homem, ordenando que o demônio deixasse seu corpo. Depois disso, dirigiu sua atenção ao paciente, ora falando com ele, ora com o demônio em pessoa, depois destratando o homem, socando-o com força e cuspindo em seu rosto. O paciente reagia às suas demandas com algumas respostas disparatadas: ora falando por si, dizendo que sentia o despertar de sua aflição; ora falando pelo diabo, dizendo que ele temia a Deus e que esses exorcismos eram eficazes contra ele.

Depois de pegar o cibório, o recipiente em que a hóstia é guardada, e queimar algumas velas, virando-as de cabeça para baixo, as imprecações do padre atingem um crescendo. Ele então desamarra o homem e o devolve para que seus parentes o levem para casa. Ele explica aos espectadores reunidos que aquele demônio pertencia a uma das piores espécies de demônios obstinados, que dão muito trabalho para serem extirpados. No dia anterior ele havia exorcizado uma mulher que cuspiu pregos, alfinetes e tufos de cabelo, mas, quando alguém afirma que ela ainda não tinha se recuperado, ele responde que agora ela estava possuída por um demônio mais fraco, "pois ele sabia seus nomes, suas classificações e distinções específicas". Notando a ausência de pregos e cabelos no caso presente, a observação final de Montaigne parece cética e talvez, como colega advogado (e como ser humano), o possessivo "meu" demonstra como está compadecido:

> Meu homem não fez nenhum gesto exceto trincar os dentes e torcer a boca quando lhe apresentaram o *Corpus Domini* e de vez em

> quando dizia estas palavras: *Si fata volent* (se o destino quiser), pois ele era um tabelião e sabia um pouco de latim.

Tais momentos são úteis para equilibrar nossa visão de Montaigne, que nos *Ensaios* professa um catolicismo ostensivamente conservador, mas que, em seu *Diário de viagem* – um livro que não era destinado à publicação –, revela uma reação mais complexa: uma atitude questionadora, ligeiramente insatisfeita com a Igreja, mesmo que, no fim, ele esteja disposto a lhe dar o benefício da dúvida.

Pois Montaigne ainda encontra muito que admirar no catolicismo. A devoção do povo reunido o comove, principalmente na Semana Santa quando à noite "toda a cidade parece estar em chamas... cada homem segurando uma tocha e quase sempre de cera branca". E testemunha que o poder absoluto do papa também abrange o perdão. No Domingo de Ramos, encontra um garoto sentado perto do altar da igreja, vestido de tafetá azul com uma coroa de galhos de oliveira e uma tocha acesa: "Era um garoto de cerca de 15 anos que, por ordem do papa, tinha sido libertado da prisão naquele dia. Ele havia matado outro garoto."

Mas em termos da grandiosidade de Roma, o *terminus ad quem* de muitos viajantes da Renascença, Montaigne parece ambíguo. O impulso humanista de viajar via o objetivo do Grand Tour (Grande Viagem) em termos de uma exposição à civilização clássica onde todos os caminhos – culturais, intelectuais e morais – levavam a Roma, e com ela a um modelo universal de perfeição humana. Mas, em seu diário, Montaigne assume um tom de ceticismo, enfatizando a distância e a impossibilidade de se recuperar a Antiguidade, considerando-a como uma Renascença ou renascimento que nunca chegaria a seu objetivo, numa peroração que seu secretário se esforça para anotar:

> Ele disse "que não se via nada de Roma senão o céu sob o qual ela havia sido fundada e o contorno de sua forma; que o conhecimento que ele tinha dela era abstrato e contemplativo e não se baseava em nada perceptível aos sentidos... Acontecia frequentemente de se achar, após cavar profundamente o solo, apenas o topo de uma coluna muito alta que, lá embaixo, ainda estava de pé... É fácil perceber que muitas ruas estão a mais de dez metros abaixo das ruas de hoje".

É um discurso que, pode-se dizer, representa o fim da Renascença e o começo da Modernidade, em que o ceticismo desloca o humanismo do centro da condução da vida intelectual.

Mas, em seu lugar, Montaigne também introduz um novo sentido da importância de viajar, que dá menos ênfase à história e à Antiguidade e mais ênfase ao aqui e agora. Assim, em seu ensaio "Da educação das crianças", Montaigne explora a ideia de que a vida em si é educação e as viagens proporcionam uma das mais importantes lições:

> mas não ao estilo de nossos nobres franceses, simplesmente para relatar o comprimento do Panteon, ou a suntuosidade das gavetas da Signora Livia ou, como outros, que o rosto de Nero é mais comprido ou mais gordo numa velha ruína do que em alguma medalha;

> mas principalmente para relatar as disposições e os costumes daqueles países e para esfregar e polir nossos cérebros com os outros.

E, na edição de 1580 de seus *Ensaios*, ele enfatiza a natureza sociável das viagens: "O prazer de visitar muitos parentes e amigos que tenho no caminho, da sociedade que frequenta aquele lugar." E isso é confirmado no *Diário de viagem*, onde ele expõe uma visão mais etnológica, um interesse pelos rituais e hábitos, movimentos e gestos da vida cotidiana. E aqui, a despeito dos esforços de Montaigne para se integrar, falando e escrevendo em italiano quando estava na Itália, sua qualidade de estrangeiro também lhe confere certo privilégio: silenciando a tagarelice dispersiva da língua e permitindo que ele observe a gramática do comportamento humano de perto.

Na Toscana e em Urbino, ele repara como as mulheres fazem reverência à moda francesa, dobrando os joelhos. Em Baden, cumprimentam-se as senhoras beijando a própria mão e oferecendo tocar a mão delas. Elas simplesmente ficam paradas, como é seu costume ou, se você tem sorte, inclinam de leve a cabeça. Na Alemanha, por deferência, você passa para o lado esquerdo de um homem, deixando-o livre para levar a mão à arma. E, em Kempen, Montaigne presencia um casamento modesto, mas não diz isso a princípio, deixando que os simples movimentos e ações das partes falem por si:

> Depois do sermão, o outro pastor se colocou diante do altar com o rosto voltado para as pessoas, tendo um livro na mão; uma jovem se apresentou a ele, de cabeça descoberta e cabelo solto,

> fez uma pequena reverência à moda do campo e ficou ali sozinha. Logo um jovem, que era artesão, com uma espada de lado, também se aproximou e se colocou ao lado da mulher. O pastor disse algumas palavras nos ouvidos deles, e então disse a um e ao outro que rezassem o pai-nosso, e depois começou a ler o livro. Eram algumas regras para os que se casavam; e fez com que tocassem as mãos um do outro, mas sem se beijarem.

Mesmo os mais antigos rituais, observa, são moldados pelos costumes locais, alguns recebendo a eucaristia em suas bocas e outros estendendo as mãos para pegá-la.

Os pobres também têm seus costumes e convenções. Em Florença, ele se espanta com a ousadia dos mendigos, não só pela agressividade, como pela altivez: "Me dá uma esmola, não vai dar, não?" ou "Me dá alguma coisa, está ouvindo?"; um mendigo romano aborda de forma semelhante a consciência de Montaigne: "Faça o bem por si mesmo!" (É enquanto dá dinheiro que Montaigne perde a carteira, deixando-a cair pela abertura das calças.) Em Bagni di Lucca, os habitantes exibem sua filiação às facções locais francesa e espanhola usando flores. Numa tentativa de se integrar, Montaigne põe uma flor na orelha esquerda e, como resultado, consegue apenas aborrecer o grupo francês.

E quanto à percepção tátil, sensorial, de Montaigne, as coisas simplesmente apresentam sensações diferentes nos países estrangeiros. Na hospedaria Pomba,* em Markdorf, o enchimento dos colchões é de folhas, pois se deram conta de que duram mais do que

* Em inglês no original: "Dove". (N.T.)

a palha. Montaigne experimenta dormir com um edredom de penas "como é o costume deles" e acha muito agradável, "tanto quente quanto leve". Gosta dos fogões usados no sul da Alemanha, porque não chamuscam o rosto, e as botas e não soltam fumaça como as lareiras (o que tende a irritar o nariz sensível de Montaigne).

E as diferenças culturais são mais claramente experimentadas na comida, não somente no que se come, mas também quanto aos modos e à etiqueta à mesa. Em Lindau, cortam o repolho com um instrumento especial para fazer chucrute, e o guardam em recipientes com sal para o inverno. Misturam tortas de ameixa, de pera e de maçã com o prato de carne e às vezes servem o assado antes da sopa. Tais alimentos ele come na sala de jantar da hospedaria Coroa,* ouvindo os pássaros numa gaiola que ocupa todo o comprimento da sala. Em Icking, bebe em taças de madeira com aduelas e aros como os barris; em Kempen, janta lebre branca. Em Innsbruck, os preparativos são tão elaborados que os comensais se sentam a certa distância da mesa, que depois é erguida e levada até eles. Montaigne imerge nessas diferenças sem queixas, mas seus gostos pessoais impressionam por serem um tanto modernos para um senhor de terras. Gosta de frutas frescas, laranjas, limões e especialmente melões. E tem um gosto cultivado para a leveza da culinária italiana. Em Pontremoli, come "azeitonas sem caroços, temperadas com azeite e vinagre, como em uma salada" – "muito bom".

Isso não quer dizer que Montaigne seja incapaz de preconceito. Ele cita o dono do hospedaria Águia,** em Constança, como

* Em inglês no original: "Crown." (N.T.)

** Em inglês no original: "Eagle." (N.T.)

"um exemplo da insolência bárbara e da arrogância do caráter teutônico, a respeito da briga de um de nossos criados com nosso guia de Basileia". A briga é resolvida de maneira adequada quando o magistrado local, um italiano, exibe uma característica nacional diferente: ele decide a favor de Montaigne se ele demitir seus homens, ao mesmo tempo permitindo que ele possa recontratá-los imediatamente. "Foi um extraordinário exemplo de sutileza", elogia Montaigne.

E Montaigne, como a maioria de nós, não pode evitar usar o que sabe para avaliar o desconhecido. Acha a vida na Alemanha mais cara do que em sua terra, e a castanha francesa melhor do que o pinhão deles. Ele ouvira boatos de como os Alpes estavam "cheios de dificuldades, os modos estranhos do povo, as estradas inacessíveis, as hospedarias primitivas". No entanto, já tendo completado um trecho da viagem, em Bressanone ele para e reflete sobre o fato de que viajar ao exterior não é necessariamente mais perigoso do que viajar no próprio país. O clima era ameno, eles só haviam presenciado uma hora de chuva, e "sob todos os outros aspectos, se ele quisesse levar sua filha, uma menina de apenas oito anos, numa viagem, daria no mesmo viajar com ela por essa estrada ou por um dos caminhos de seu jardim". Além do mais, Montaigne se lança à experiência da diferença, em completo contraste com a atitude de seus companheiros, que na maior parte do tempo "só queriam voltar para casa". Acorda "com ansiedade e animação" diante da perspectiva de um novo destino. Está constantemente "alerta para o que possa encontrar e busca todas as oportunidades para conversar com estranhos". Fica aborrecido em Roma por cruzar com tantos franceses e faz de tudo para se integrar ao ambiente. "Deixa-se servir em todos os lugares à maneira de cada país"; em Augsburgo, veste-se simplesmente, põe um chapéu de pele à moda dos habitantes locais e passeia pela cidade incógnito. Fica um tanto desgostoso, portanto, ao descobrir que estragou seu disfarce ao assoar o nariz (lenços eram uma novidade naquele tempo).

Mas Montaigne também usa a viagem para colocar em perspectiva a própria cultura. Em Lindau, elogia a comida "bem provida" da hospedaria, comentando "que as cozinhas da nossa nobreza na França dificilmente poderiam se comparar à dela". Lá servem uma abundância de peixes, caça, galinholas e lebres jovens "que temperam de uma maneira muito diferente da nossa, mas igualmente boa". Em Basileia os serralheiros sobrepujam seus pares franceses "e, mesmo que a igreja seja pequena, tem um relógio e um relógio de sol magníficos". Na Itália, peneiram a farinha com rodas, de maneira que o padeiro "produz mais numa hora do que nós em quatro". E em breve surge um leve desdém por seu país, "contra o qual ele tinha ódio e aversão por outros motivos" (devido às guerras religiosas), e se lança com entusiasmo aos modos estrangeiros, indo "tão longe a ponto de beber vinho sem água". Chega à conclusão de que as coisas que ele desejaria ter trazido eram: "um cozinheiro, para aprender os métodos deles e ser capaz dar provas disso em casa"; em segundo lugar, um criado alemão, para não ser enganado; e, em terceiro lugar, um guia adequado, como o *Cosmographie Universelle* (1544) de Sebastian Münster, do qual adquire uma cópia quando volta para casa.

O interesse de Montaigne por outras culturas também se estende além das fronteiras da Europa. Em Roma, faz amizade com "um velho patriarca de Antioquia, um árabe" que o impressiona com seu conhecimento de "cinco ou seis línguas daquelas de lá", isto é, do Oriente Médio. Ele dá a Montaigne um remédio para pedras nos rins num "pequeno pote de barro", e Montaigne usa seu diário para registrar a receita: depois de um jantar leve, "tomar o correspondente ao tamanho de duas sementes de ervilha, diluído em água morna, tendo antes esfarelado o remédio com os dedos".

E a mente aberta de Montaigne está também em primeiro plano quando ele visita uma casa em Roma para presenciar o que descreve como "a mais antiga cerimônia religiosa existente entre os homens" – a circuncisão de um menino judeu. Aqui o interesse de Montaigne é palpável. Possivelmente sua mãe descendia de judeus e ele já havia visitado a sinagoga em Verona "e tivera uma longa conversa com eles sobre suas cerimônias". Se Montaigne, católico devoto, tem simpatia pelo judaísmo devido aos antecedentes de sua mãe, é difícil dizer. Mas o que aparece é uma imparcialidade e uma objetividade na descrição que é semelhante à sua descrição anterior de um casamento luterano – deixando a teologia de lado e a prática real da religião falar por si:

> Eles não prestam mais atenção às suas orações do que nós às nossas, falando de outros assuntos ao mesmo tempo, não mostrando muita reverência a seus mistérios... Depois do jantar, os doutores, por sua vez, dão uma aula sobre a passagem da Bíblia daquele dia, fazendo-o em italiano. Depois da aula, um dos outros doutores presentes escolhe um dos ouvintes ou, às vezes, dois ou três em sucessão, para discutir com o que acabara de ler sobre o que dissera. O que ouvimos parecia ter muita eloquência e perspicácia em seu argumento.

Ele vai em frente e descreve a circuncisão, comparando-a a aspectos do ritual católico. O menino recebe um padrinho e uma madrinha "como nós" e é envolto em faixas "à nossa maneira". Descreve como o *mohel* (responsável pelas circuncisões) esquenta as mãos antes de cortar o prepúcio e chupa o sangue do corte. Há "bastante esforço" no procedimento "e alguma dor", registra Montaigne. Mas ele não parece fazer um julgamento. O menino chora, "como os nossos choram quando são batizados", mas é consolado com a permissão de chupar um dedo molhado em vinho.

Mas talvez o exemplo mais interessante do "esfregar e polir nossos cérebros com os outros" de Montaigne esteja em seu ensaio "Dos canibais", que ele escreve nos dois anos anteriores à sua viagem à Itália, mas depois amplia até a morte.

O século XVI assistiu a uma enorme expansão do comércio no oceano Atlântico, com navios partindo da França e da Espanha para a viagem de seis semanas até as Américas, retornando repletos de prata, pau-brasil e especiarias, e de histórias de povos desconhecidos, animais e fenômenos naturais, tais como a fruta amarela chamada *paco* (banana) e os tucanos.

Mas essa expansão geográfica ainda representava um choque para a cultura europeia, que acreditava, desde a Antiguidade, que Deus havia ordenado que existissem apenas três continentes – Europa, África e Ásia – em simetria com o Pai, o Filho e o Espírito Santo. Montaigne registra o choque e o assombro, mas também os usa para afastar sua mente do convencional, para descobrir que "devíamos nos precaver contra nos aferrar a opiniões vulgares

e, ao contrário, julgar as coisas sob a luz da razão e não por ouvir dizer".

Montaigne nunca viajou ao Novo Mundo, mas conta que empregou um homem que havia morado por dez ou doze anos no que era chamado de "França Antártica", ou Brasil. O nome poderia pressupor uma arrogância colonial, mas Montaigne especula profeticamente sobre as mudanças que a geologia e a oceanografia fizeram na face da terra – separando a Sicília da Itália, mas talvez também cortando a antiga unidade da Europa com as Américas, uma visão que ele sustenta ao citar as mudanças no curso do rio Dordogne no decorrer de sua própria vida e a retomada pelo mar da propriedade de seu irmão em Médoc.

Ele também observa que Aristóteles relata que os cartagineses descobriram uma grande ilha no Atlântico "toda revestida de florestas e banhada por rios grandes e profundos", mas foram proibidos de colonizá-la por seus governantes, que temiam que Cartago ficasse despovoada e que esse novo mundo os suplantasse e substituísse como resultado disso. Como a charada do Navio de Teseu

– em que Teseu gradualmente substitui as tábuas podres de seu navio, a ponto de se poder perguntar "é o mesmo navio de antes?" – Montaigne pergunta: se todos nós somos de fato descendentes do mesmo continente e somos de fato todos aparentados (como a paleobiologia hoje mostra que somos), quem pode dizer, portanto, quem é civilizado e quem não é? Ou quem será o civilizado e o não civilizado nas épocas vindouras?

Montaigne se volta para seu empregado que, diferentemente de Aristóteles, "era um homem simples e ignorante" e muito mais propenso a dizer a verdade e que, no decorrer dos anos, havia trazido muitos comerciantes e marinheiros à sua casa. E, pelo que ouve, Montaigne desafia a opinião popular – que considera os habitantes do Novo Mundo bárbaros – e traça seu próprio ponto de vista:

> Não vejo nada de selvagem ou bárbaro naquele país pelo que tenho ouvido, a não ser que chamemos de bárbaro o que quer que não se adapte aos nossos costumes. Na verdade, parece que não temos outro parâmetro de verdade e razão que não os exemplos e ideias das opiniões e costumes do país em que vivemos. Aqui estão sempre a religião perfeita, o governo perfeito, a maneira perfeita e consumada de todas as coisas. Esses homens são selvagens do mesmo modo que chamamos de selvagens os frutos que a natureza produz espontaneamente e em seu curso normal; quando na verdade são os que alteramos por nossos artifícios e desviamos da ordem natural que deveríamos chamar de selvagens.

Portanto, nós é que realmente somos bárbaros, ao corromper e abafar a beleza da natureza com as roupas e os enfeites. Em contraste, ele comenta sobre os frutos silvestres desse novo Éden: "que possuem uma delicadeza de sabor que é excelente ao paladar e faz inveja aos nossos". Montaigne assim muda a perspectiva e inaugura uma tradição que culmina na ideia de Rousseau do bom selvagem – um estado da natureza de antes da queda (de Adão e Eva) a ser mais valorizado do que a pose artificial. E, em seu ensaio posterior "Dos Coches", Montaigne se coloca na mente dos ameríndios e olha para si e para os seus:

> Tire, pois, dos que os subjugaram os truques e artifícios que usaram para enganá-los e o espanto natural das pessoas ao verem a chegada inesperada de homens barbados, diferentes deles na língua, religião, forma e semblante, de uma região longínqua do mundo, onde nunca imaginaram que pudesse haver qualquer habitação, montados em grandes monstros desconhecidos... homens com uma pele dura e brilhante e armas afiadas e reluzentes contra homens que, pelo milagre do lampejo de um espelho ou de uma faca, trocariam grande riqueza em ouro e pérolas... acrescente a isso o trovão e o raio de nossos canhões e arcabuzes... contra pessoas nuas... pessoas tomadas de surpresa, sob aparência de amizade e boa fé, curiosas de ver coisas estranhas e desconhecidas. Leve em conta, eu digo, toda a superioridade dos conquistadores e você o destitui de todo o crédito por tantas vitórias.

Em contraste com a "boa-fé" dos ameríndios, os conquistadores contavam com o engano e a trapaça. E Montaigne segue em frente e pondera que Platão se interessaria em conhecer essas pessoas: "As próprias palavras que significam falsidade, traição, dissimulação, avareza, inveja, calúnia... eram desconhecidas!"

Montaigne continua e dá sua própria visão a partir de relatos: as espadas de madeira dos guerreiros, as redes de algodão penduradas nos dormitórios masculinos e femininos. São imberbes e usam braceletes e carregam varas compridas e ocas que manejam para acompanhar suas danças. Sua moralidade consiste em dois simples mandamentos: ser valente na guerra e amar suas mulheres.

Ele aborda diretamente a suposta "barbárie" deles. Vão à guerra nus, mas lutam com grande coragem, desejando apenas demonstrar valor (não fazem guerra por algo tão mesquinho quanto terras). Tratam bem os prisioneiros, garantindo que lhes seja proporcionada toda gentileza, antes de se reunir com seus melhores amigos para matá-los, assá-los e comê-los, e enviar partes selecionadas para amigos ausentes. Mas não comem os inimigos pelo alimento, e sim como punição ritual simplesmente. E Montaigne compara isso com o método português de matar – enterrar um homem até a cintura, enchê-lo de flechas e depois enforcá-lo. Montaigne denuncia assim a cegueira moral da "superioridade" dos europeus:

> Acho que há mais barbaridade em comer um homem vivo do que morto, em despedaçar e torturar na roda um corpo ainda cheio de sensibilidade, em assá-lo devagar e dá-lo aos cachorros e porcos para morder e mutilar (como não só lemos a respeito, mas vimos em tempos recentes, não entre antigos inimigos, mas entre vizinhos e concidadãos e, o que é pior, sob o pretexto de devoção e religião), do que em assá-lo e comê-lo depois de morto.

E é aqui que Montaigne relembra a execução do bandido Catena, quando somente as indignidades empilhadas sobre o corpo do homem morto pareceram despertar alguma pena ou choque na multidão.

Contudo, seria equivocado ver Montaigne apenas como um relativista cultural, julgando as culturas como necessariamente lacradas em vidro duplo moral e opondo umas contra as outras numa espécie de jogo intelectual. Porque um dos aspectos mais interessantes do ensaio é o senso de paralelismo de Montaigne entre a religião dos ameríndios e o cristianismo. Uma das acusações mais frequentes dos protestantes contra os católicos era que sua visão da "presença verdadeira" na eucaristia tornava a ingestão da hóstia efetivamente um ato de canibalismo. Aqui Montaigne responde dizendo que culturas mais "inocentes" praticam tais atos, mas o fazem de maneira mais honesta. Quando não estão comendo seus inimigos, eles se alimentam de pão e vinho, um vinho que é "feito de alguma raiz e que é da cor de nossos claretes", e um pão que é "doce e meio insípido". Uma dieta diária que é semelhante ao pão e vinho da comunhão, só que talvez mais próxima da original: pois "eles só o bebem morno". E esta é uma tarefa de alimentação das mulheres, ou seja, manter o "vinho morno e temperado".

O que perpassa as páginas do ensaio como um rio subterrâneo, portanto, é a ideia de que todas as religiões – as cristãs e as ameríndias do mesmo modo – envolvem um desejo de contato com o corpo do outro e, através dele, consigo próprio; um culto que, por meio de sublimação e de "cultura", o cristianismo perverteu e transformou em fonte de dúvida e de crueldade sem sentido. Mas o que é o cerne da disputa no cristianismo – a eucaristia – é uma fonte de solidariedade em sua forma não adulterada, mesmo na canção ritual que um prisioneiro canta para seus capturadores:

> Que viessem corajosamente e se reunissem para jantá-lo: pois estariam comendo seus pais e avós, cuja carne serviu para alimentar e nutrir esse corpo. Esses músculos, ele diz, essa carne e essas veias são seus, pobres tolos que vocês são: não conseguem ver que eles ainda contêm a substância dos membros de seus ancestrais? Saboreiem-nos bem, vocês descobrirão que eles têm o gosto de sua própria carne.

Essas são as palavras que ecoam a consagração da hóstia: "este é meu corpo", "este é meu sangue". Mas o importante é que a versão ameríndia também contém a fonte de sua própria moderação. A descrição de sua vingança corresponde, assim, a um processo de reintegração pessoal e corporal – literalmente, incorporação – não apenas entre os vitoriosos, mas também entre os vencedores e as vítimas, que por sua vez comeram os ancestrais de seus inimigos. O ato de ingestão, portanto, se torna mútuo: no ato de comer, são comidos e se comem. O que Montaigne enfatiza é o ato de apreciar e de sentir o gosto do corpo, a tal ponto que as duas carnes se tornam consubstanciais: "O gosto de sua própria carne." Por meio da experimentação de outro ser, eles provam o seu próprio ser, e religiosa e filosoficamente se comunicam – e se *provam*.

Mas talvez o que seja mais importante para Montaigne é que a *degustação* desse fato serve para satisfazer e, portanto, moderar seu apetite – é este aspecto ritual, e não a quantidade de carne, que os *nutre* (para usar uma das palavras favoritas de Montaigne – *nourrir*). E essa habilidade para provar e saborear ativa e conscientemente e, em consequência, ser nutrido está no cerne da diferença entre ameríndios e europeus para Montaigne. Eles comem carne e peixe "assados sem nenhuma outra preparação" e comem logo que se levantam, e essa única refeição os satisfaz para o resto do dia. Seu vinho é um laxativo para os que não estão acostumados com ele (isto é, tem o efeito contrário à incorporação), mas, para eles, faz bem ao estômago e é "muito agradável". Como resultado dessa saciedade apropriada, não exploram além dos limites do que a natureza dispôs para eles e vivem uma vida que é uma inversão do consumo do consumidor, uma visão do sonho ameríndio original:

> Eles não lutam para conquistar novos territórios, pois ainda desfrutam aquela exuberância que a natureza lhes proporciona, sem trabalho ou dor, com todas as coisas necessárias em tal abundância que não precisam ampliar suas fronteiras. Eles ainda estão naquela feliz condição de não desejar mais do que as suas necessidades naturais exigem: qualquer coisa além disso é supérfluo para eles.

E é essa falta de nutrição corporal que está no centro da crueldade sangrenta dos europeus. Os ameríndios não precisam torturar ou extorquir: "Eles não pedem nenhuma outra compensação a seus prisioneiros exceto uma confissão e o reconhecimento de terem sido vencidos." Seu apetite é saudável, mas não fora de controle. A ideia de pecado parece ser desconhecida. Montaigne transcreve uma canção sobre uma serpente cujo belo padrão é copiado num cinto como um presente para um namorado: "Víbora, fique, fique, víbora, para que minha irmã possa usar suas cores como modelo para fazer um lindo cinto para dar ao meu amor." Em contraste com a tradição cristã, a serpente é um símbolo de beleza e fidelidade em vez de tentação sexual, o cinto simbolizando, talvez, castidade.

Montaigne prossegue, descrevendo a língua deles como "suave", agradável ao ouvido, "algo como o grego nas terminações".

Naturalmente, Montaigne nunca visitou a América do Sul, e todo seu conhecimento provém de relatos e histórias de segunda mão; portanto, não podemos tirar daí nenhuma verdadeira informação antropológica ou histórica. "Dos canibais" é um "ensaio" imaginativo que mistura narrativas de viagens, histórias de marinheiros e contos apócrifos sobre o Novo Mundo para pensar sobre questões que, na verdade, são próprias de Montaigne. E, no entanto, como seus pensamentos sobre animais, o ensaio lhe permite explorar uma realidade alternativa em que homens – ainda que inimigos – estão unidos pela religião em vez de divididos por ela e, por meio dela, manifestam desejo – talvez canibal, mas não cruel – uns pelos outros.

E aqui podemos perceber como esses pensamentos sobre canibais permeiam sua descrição da "mais antiga cerimônia religiosa", a circuncisão que ele presencia em Roma. Ali o *mohel* põe um pouco de vinho na boca e "suga a glande ainda sangrando do menino e cospe o sangue que tirou de lá". Faz isso três vezes. Então mergulha o dedo no copo com sangue e dá para o menino chupar. O *mohel* depois passa o copo "no mesmo estado" – isto é, ainda com sangue – para a mãe e para as outras mulheres presentes "beberem o restante". Terminam inalando incenso de um recipiente que Montaigne compara a uma panela. O que Montaigne enfatiza é uma economia de troca de corpo e de sangue organizada de modo semelhante, do rabino para o menino, do menino para a mãe e depois para as outras mulheres e, finalmente, do menino para ele mesmo, a quem é dado um dedo molhado em sangue e vinho para chupar, proporcionando-lhe "o gosto" de sua "própria carne". Se Montaigne aprova tudo isso, é impossível dizer – num comentário posterior ele descreve a circuncisão como punição para o sexo. Mas o que é interessante é que a próxima entrada do diário descreve a "licenciosidade" das celebrações cristãs dos três dias que antecedem a Quarta-Feira de Cinzas, em que velhos nus e judeus são obrigados a competir em corridas e são humilhados. E o carnaval, como Montaigne bem sabia, constitui uma despedida à carne antes da chegada da Quaresma – o *carne vale*.

Ao final de seu ensaio "Dos canibais", Montaigne revela que se deparou com três índios tupinambás depois do cerco de Rouen, em 1562 (Rouen teve um monopólio de importação de pau-brasil do Novo Mundo). Da mesma forma que pergunta à sua gata, Montaigne está interessado na questão: o que eles pensam de nós? De forma provocante, ele diz que só pode se lembrar de duas das três coisas que disseram. Em primeiro lugar, disseram que se admiravam de tantos homens de barbas grandes serem governados por uma criança (Carlos IX tinha apenas 12 anos na ocasião). E:

> Em segundo lugar (eles têm uma maneira de falar dos homens como "metades" uns dos outros), observaram ter visto homens entre nós empanturrados de todo tipo de coisas e que suas metades estavam mendigando na frente de suas portas, emagrecidos de fome e pobreza.

Montaigne então conseguiu falar com um deles a sós e perguntou que vantagens lhe davam o seu *status* (equivalente a capitão). Ele respondeu que lhe era permitido conduzir os homens na frente de batalha durante a guerra. Mas e no tempo de paz? Então, disse, os moradores da aldeia sob seu domínio abriam caminhos através da vegetação para que ele pudesse ter um acesso mais fácil à aldeia.

Montaigne termina, então, com um floreio irônico: "Está tudo muito bem, mas espere um pouco, eles nem mesmo usam calças" – querendo dizer que sempre julgaremos os outros com nossos preconceitos habituais. Mas esse senso de honra manifestado numa abertura em relação ao outro, num gesto de boas-vindas e de aproximação, é algo que parece familiar a Montaigne.

O ponto alto de sua estada em Roma é seu encontro com o papa – *Pontifex Maximus, Episcopus Ecclesiae Catholicae* –, e seu secretário registra a elaborada coreografia necessária para a veneração do plenipotenciário de Deus na Terra, mas, no final do dia, um homem de carne e osso – e pés:

> É verdade que a maioria das pessoas não vai diretamente a ele, cortando através da sala, mas anda um tanto evasivamente ao longo da parede e, depois desse desvio, segue diretamente para ele. Quando estão a meio caminho, as pessoas novamente dobram um joelho e recebem a segunda bênção. Feito isso, vão em direção a ele até o fim do tapete de veludo a seus pés, dois a dois metros e meio mais adiante. Na extremidade desse tapete, elas se ajoelham sobre ambos os joelhos. O embaixador que as apresentava então se ajoelhou sobre um joelho e levantou a veste do papa, descobrindo o pé direito dele no qual há um chinelo vermelho com uma cruz branca. As pessoas que estão ajoelhadas se arrastam nessa postura até o pé do papa e se abaixam até o chão para beijá-lo. O Seigneur de Montaigne disse que ele havia levantado ligeiramente a ponta de seu artelho.

8

A pedra filosofal

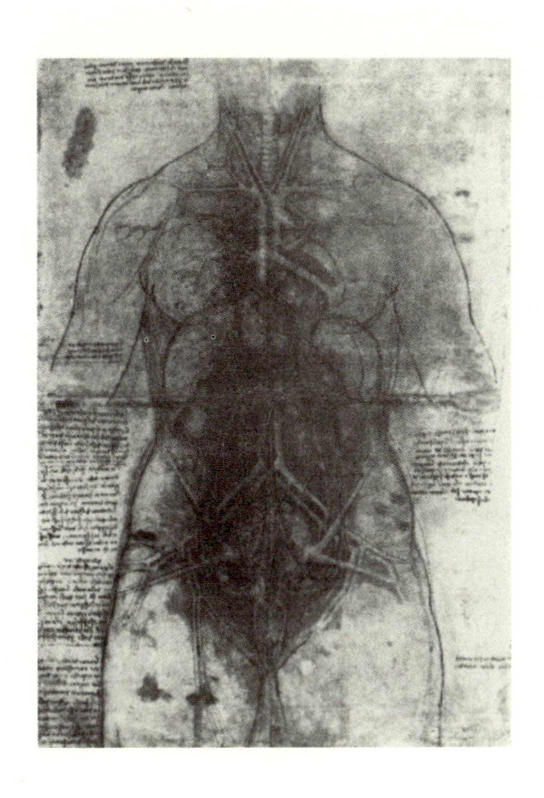

Alguns meses mais tarde, Montaigne se encontrava em ambiente ligeiramente menos formal, relaxando sem calças nos banhos mornos de águas minerais em Bagni di Lucca. O objetivo final de suas viagens era experimentar os banhos termais da Itália – bebendo a água e se banhando nela – como tratamento para as pedras nos rins que o afligiam havia alguns anos e, em abril de 1581, Montaigne partiu de Roma muito animado para os banhos. Ao chegar, inspecionou os cômodos oferecidos antes de chapinhar no melhor que estava disponível:

> principalmente devido à vista, que abrange... todo o pequeno vale e o rio Lima e as montanhas que protegem o mesmo vale, todas bem cultivadas e verdes até o topo, cobertas de castanheiras e oliveiras e, em outros lugares, de vinhas, plantadas sobre as montanhas em círculos e terraços... Do meu quarto, durante toda a noite, eu ouço o suave barulho do rio.

Ele tem uma sala de jantar, três quartos e uma cozinha e um guardanapo limpo todo dia, que usa para limpar os dentes. E começa a beber as águas, banhando-se numa piscina escura com abóbada que tem cerca da metade do tamanho de sua sala de jantar em Montaigne, registrando em seu diário a quantidade de fluidos que entram e que saem. Ele até experimenta uma coisa chamada *doccia*, da qual "se recebe água quente em diferentes partes do corpo, especialmente na cabeça... num jorro contínuo".

Espalhados em torno das encostas das montanhas, há outros banhos, todos com propriedades terapêuticas: "Um refresca, outro aquece, este é para uma doença, aquele é para outra e cerca de mil milagres; em suma, não há tipo de doença que não encontre sua cura lá."

As pedras nos rins tiveram grande repercussão em sua vida. Ter visto seu pai "tristemente atormentado" e desmaiando de dor durante os sete anos anteriores à sua morte contribuiu para seu pessimismo inicial. Montaigne começou a sofrer dos rins quando tinha cerca de 40 anos, não muito tempo depois de seu afastamento, mas a doença o atingiu com força total aos 45, dois anos antes da publicação da primeira edição dos *Ensaios*, atormentando-o com seu desconforto imprevisível. Das surpresas que a vida lhe reservara, ele desejaria que a sorte o tivesse aquinhoado com algo diferente: "Pois não poderia ter escolhido uma de que eu tivesse mais horror desde a infância... é a que eu mais temia." Portanto, pode-se desculpar Montaigne, quando publicou pela primeira vez os *Ensaios* em 1580, por achar que tinha apenas mais cinco anos de vida – outra razão para viajar e ver o mundo: literalmente para ver Roma e morrer.

Pedras nos rins (cálculos renais) são mais comumente formadas por cristais de oxalato de cálcio que existem na urina e são depositados nos rins em quantidade grande demais para se dispersarem. A dieta pode ser uma causa, mas o fator-chave é uma predisposição genética, e Montaigne se pergunta por que tinha recebido o legado dessa bomba-relógio hereditária. Ele fora concebido antes de seu pai começar a sofrer com as pedras e se pergunta como, da pequena gota de esperma a partir da qual fora construído, a informação de seu futuro fora estabelecida. E por que apenas ele, entre seus irmãos e irmãs, sofria assim?

É, diz Montaigne, "a mais súbita, a mais dolorosa, a mais fatal e a mais incurável de todas as doenças", cujos sintomas ocorrem quando pedras maiores ficam presas no trato urinário, causando vômitos, febre e dor muito intensa. Ele menciona em seu ensaio "Do suicídio" a observação de Plínio de que essa é a doença que mais provavelmente faz com que os homens se suicidem e deseja poder ter a sorte do homem citado por Cícero que, tendo ejaculado durante o sono, expeliu uma pedra nos lençóis. Em contraste, diz ele, as suas curiosamente o "dessexualizam" e diminuem sua ereção natural.

E o sofrimento pode ser prolongado. Em Roma, pouco tempo antes do Natal, ele passa a noite expelindo areia e uma pedra que leva seis horas para atravessar seu pênis. Suas viagens são interrompidas por dias de imobilidade, o que exaspera Montaigne – para quem a vida não é senão movimento – quase tanto quanto a dor.

Mas, sobre essa condição e como lidar com ela, Montaigne se considera um tipo de especialista. Ele tem grande interesse nos tratamentos e nas curas e consulta os mais recentes estudos sobre terapias minerais – *De thermis*, de Bacci (1571), *De acquis lucensibus*, de Donati (1580). E fica lisonjeado quando, nos banhos, algum médico o procura para pedir uma segunda opinião. Mas, na verdade, o corpo no século XVI ainda era um códice misterioso que teria que ser adequadamente desenrolado. Um cavalheiro garante os efeitos medicinais de uma misteriosa pedra preciosa verde que traz consigo, obtida de um monge que viajara pela Índia. Em Baden, acreditam nas propriedades curativas dos banhos depois de escarificação, ficando a pessoa de molho em águas vermelhas de sangue.

O mercador de Cremona que tinha demência conta a Montaigne estar perplexo com o comportamento de sua flatulência, que é expelida pelas orelhas durante a noite. Ele aconselha Montaigne a melhor maneira de fazer os intestinos funcionarem: umedecer algumas sementes de coentro na boca e inseri-las no ânus (importante não inverter essa ordem). Montaigne experimenta, mas se desaponta com o resultado: "Muitos gases, dos quais eu estava cheio; de substância, e pouca matéria."

Montaigne, portanto, recorre a seus próprios tratamentos. Toma duchas breves, e se banha e bebe e torna a se banhar, chocando a opinião local. Ele põe a virilha debaixo da torneira e sente, conforme supõe, os gases escapando de seus órgãos genitais e o testículo direito abaixando lentamente. E, no progresso da pedra, presencia os mistérios do micro e do macrocosmo, o maior sendo repetido pelo menor:

> No dia 24 de manhã, expelia uma pedra que parou na passagem. A partir desse momento até o jantar, segurei minha urina, para aumentar a pressão. Então, não sem sangue e dor, antes e depois, eu a expeli. Era do tamanho e do comprimento de um pinhão, mas grande como um feijão numa das extremidades. Para falar a verdade, tinha a forma exata de um pênis.

Ele se pergunta o que virá a seguir. E varia o tratamento da doença para experimentar e corrigir o resultado. Ele se banha, bebe dois litros e meio de água e faz uma caminhada revigorante de mais de três quilômetros, mas sem proveito – "peidei interminavelmente".

Uma noite, a dor de gases presos é tão insuportável que ele chama o capitão Paulino, que, como muitos proprietários dos banhos, também atua como terapeuta complementar. Montaigne pede um clister, quase como se poderia pedir um coquetel para o bar de um luxuoso hotel de cinco estrelas

> que foi administrado com muito conforto ao pôr do sol, constando de óleo, camomila e anis, e nada mais, de acordo unicamente com a prescrição do boticário. O capitão Paulino aplicou-o em mim com tanta habilidade que, sentindo os gases saírem em direção contrária ao clister, ele parou e o retirou-se e depois continuou muito gradualmente, de modo que absorvi todo o preparado sem problema. Ele não precisou me lembrar de reter o clister tanto quanto possível, pois ele não fez absolutamente nada para que meus intestinos funcionassem. Fiquei nesse estado durante três horas e depois tentei esvaziá-los por mim mesmo.

Mas o prognóstico geral não é bom. Geralmente, beber água é benéfico para quem sofre de pedras nos rins, pois dilui a urina, dispersando os cristais de cálcio, e Montaigne observa outras pessoas cuja saúde realmente parece restaurada. Mas ele próprio continua a sofrer, e as pesadas ingestões de água parecem trazer outras complicações: ele tem uma dor de dente (que o médico atribui à flatulência) e enxaquecas que afetam sua visão. Experimenta banhar os olhos, mergulhando a cabeça na água, mas "não senti nenhum efeito disso, nem bom nem mau". Cada vez mais ele tem consciência das discordâncias das opiniões médicas: Donati diz que é melhor comer pouco e beber mais, Franciotti diz o oposto.

"Que coisa fútil é a medicina!", exclama Montaigne: "É um hábito estúpido medir quanto você mija." E, mais para o final de sua estada, começa a sentir que as águas podem ser tanto a fonte quanto a solução de seus problemas:

> Para mim, se avalio corretamente essas águas, elas não fazem muito mal nem muito bem; são uma coisa fraca e insípida, e deve-se recear que aqueçam mais do que purguem os rins.

E, no começo de setembro de 1581, "começou a achar esses banhos desagradáveis". Cai num estado de melancolia, não diferente da que havia sentido logo que chegou, quando o assaltou a memória de seu amigo:

> Quando escrevia para Monsieur d'Ossat, tive pensamentos tão angustiantes sobre Monsieur de La Boétie e me senti assim por tanto tempo, sem me recobrar, que isso me causou muita dor.

Ele conversa com um morador do lugar, que diz que os banhos já mataram mais do que curaram e, na noite de 4 de setembro, Montaigne chega ao fundo do poço, com a agonia da dor de dente aumentando a dor da pedra no rim. A dor ataca sua mandíbula e se espalha pela cabeça, de tal modo que sua e treme e não consegue ficar em pé. No meio da noite, chama o capitão Paulino, que prescreve *acqua vitae* (etanol), que lhe dá algum alívio quando a mantém na boca. Mas quando pega no sono, exausto, a *acqua vitae* desce para a garganta, fazendo-o sufocar. "Foi a noite mais cruel", diz, "que me lembro de ter passado."

~

Entretanto, apesar desse sofrimento, os banhos trazem outros benefícios, que atuam sobre o espírito tanto quanto qualquer outra coisa. Pois no dia seguinte, quando está deitado segurando sua mandíbula dolorida, Montaigne registra uma cena bastante tocante:

> Na manhã de terça-feira, todos os cavalheiros que estavam nos banhos vieram me ver na cama. Tinham colocado na minha têmpora esquerda um emplastro de resina de aroeira. Nesse dia, sofri pouco. À noite puseram um cataplasma quente na bochecha e no lado esquerdo de minha cabeça. Dormi sem dor...

É curioso e comovente ver esse nobre do século XVI, fruto da nobreza da espada, estudioso das críticas estoicas dos antigos, ser visitado solicitamente em seu leito de doente por seus companheiros nobres por causa de uma dor de dente. E, nos banhos, Montaigne encontra convívio, companheirismo – poderíamos até dizer, amigos. Seus companheiros de banhos o mimam com vinho e provisões. Ele visita a aldeia de Menabbio onde janta com o Signor Santo, um militar rico, levando peixes de presente. E, de volta aos banhos, ele é convidado para sair, certa noite, para um baile:

> onde vários cavalheiros estavam reunidos, bem-vestidos, mas de uma beleza comum, embora estivessem entre os mais bem-apessoados de Lucca. À noite, o Signor Ludovico de Ferrari, de Cremona, que conheço bem, enviou-me de presente algumas

> caixas de geleia de marmelo muito boa, perfumada, e alguns limões e algumas laranjas de um tamanho extraordinário.

Além do mais, ao voltar aos banhos para uma segunda visita depois de uma excursão a Florença, ele tem uma recepção semelhante à que esperaria receber em Montaigne:

> Foram grandes as boas-vindas e afagos que recebi de todas essas pessoas. Na verdade, eu poderia pensar que voltava para minha própria casa. Fiquei com o mesmo quarto onde me hospedara na primeira vez, ao preço de vinte escudos por mês, e nos mesmos termos.

E ele sai para seu primeiro mergulho da manhã "não só saudável, mas inteiramente de bom humor".

O companheirismo, portanto, ajuda a tornar Montaigne mais extrovertido. Mas é preciso dizer que essa afabilidade também é auxiliada pelo ambiente um tanto descontraído e sensual dos banhos. No começo de sua viagem, Montaigne copia as regras que estão nas paredes da casa de banhos em Plombières. Elas estabelecem que não só é proibido falar palavrões, discutir, portar armas ou acusar os outros de mentir, mas também:

> Prostitutas e garotas sem pudor estão proibidas de entrar nos banhos mencionados ou de se aproximar a menos de quinhentos passos... [e] todos estão proibidos de usar, para as damas, senhoras nobres e outras mulheres e moças que frequentam os ditos banhos, qualquer

> tipo de linguagem lasciva ou despudorada; tocar essas pessoas de forma indecorosa ou entrar e sair dos ditos banhos desrespeitosamente, de forma contrária à decência pública...

Isso nos lembra aqueles avisos nas piscinas públicas que proibiam "acrobacias, ginástica, mergulhos", mas também, um tanto estranhamente, "fumo e carícias". Montaigne copia o aviso inteiro.

Mas, em seu tom um tanto oficioso, pode-se dizer que o aviso talvez proteste um pouco demais, pois num guia contemporâneo dos mesmos banhos, *Breve descrição das propriedades dos banhos de Plombières*, de Jean Le Bon (1576), vemos um quadro diferente em que se mistura decoro com uma sugestão levemente mais excitante:

> Na manhã em que se toma banho, o homem entra de calções ou calças, as mulheres com uma blusa de tecido bem grosso (muito solta revela o que não se quer ver no banho). As pessoas se banham de modo desordenado, pois algumas tocam instrumentos, algumas cochilam, outras dançam de um modo que o grupo nunca se entedia e nunca sente o tempo começando a se arrastar.

E numa pintura da Renascença dos banhos em Bourbon l'Archambaut, as coisas parecem estar ficando um pouco erotizadas. Em sua defesa, deve ser dito que os banhos em Bagni di Lucca tinham uma área separada para as mulheres. Mas o controle dessas divisões era obviamente bastante frouxo, pois o próprio Montaigne vai se banhar na seção das mulheres uma manhã e cita uma rima

local que sugere que tais divisões nunca podem realmente superar a atração dos sexos:

Chi vuol che la sua donna impregni,
Mandila al bagno, e non ci vengi.

Se você quer sua mulher fecundada,
Leve-a aos banhos e depois vá embora.

E Montaigne claramente é um homem antiquado em sua atitude em relação às mulheres. Em Roma, "como em Paris", ele se interessa vivamente pelas prostitutas locais e descobre "a beleza mais extraordinária... entre as que a põem à venda". Em Veneza, a célebre *meretrice* Veronica Franca até manda a Montaigne algumas amostras de seus versos. Ele admira as senhoras de Ancona, que são famosas por sua beleza, embora em Fano, cidade também renomada por suas belas mulheres, fique desapontado: "Bonita não vimos nenhuma, só algumas muito feias. Quando perguntei a um honesto morador da cidade, ele me disse que isso foi há muito tempo."

Se havia um lugar para satisfazer seu gosto por mulheres, eram os banhos. Depois do jantar num domingo de maio, ele promove um baile para "as camponesas" que faz tanto sucesso que até promove um outro, dessa vez convidando também os cavalheiros e as damas residentes, e faz uma competição para descobrir os melhores dançarinos. Manda virem os prêmios de Lucca: para os homens, um cinto de couro e um gorro de tecido negro; para as damas, dois aventais de musselina e dois de tafetá, um verde e um lilás, quatro cartelas de alfinetes, um par de sandálias, três redes transparentes, três tranças de cabelos, quatro pequenos colares e quatro pares de escarpins (embora ele dê um par para uma moça que não estava no baile). Os prêmios são amarrados num arco para que todos os vejam.

Montaigne claramente se deleita e expressa sua visão liberal característica com certo encanto dissoluto:

> Na verdade, é uma coisa bonita e rara para nós, franceses, ver essas camponesas, tão graciosas e vestidas como damas, dançando tão bem: nisso elas poderiam competir com a mais extraordinária de nossas damas...

No fim da noite ele se dirige ao grupo e pede a ajuda das damas para atribuir os prêmios. Elas declinam educadamente, por cortesia, e por fim ele concorda em distribuí-los, misturando cavalheirismo com certo *droit de seigneur*:

> De fato eu fui escolhendo com meus olhos, agora uma, depois outra, e sempre tendo em vista sua beleza e suavidade, observando

> que o encanto da dança não depende apenas do movimento dos pés, mas também da fisionomia, postura e também da conduta e elegância do corpo todo. Os prêmios foram distribuídos, mais para umas, menos para outras, de acordo com seu valor... Tudo foi feito de forma organizada e correta, exceto que uma das moças recusou o prêmio. Ela implorou, em consideração a si, que eu o desse a outra, o que não achei acertado. A outra não era uma das mais atraentes.

Se Montaigne tira partido de seu *droit de seigneur* mais completamente, é difícil dizer. Talvez seja significativo que, na manhã seguinte ao baile, ele chegue "um pouco mais tarde no banho", depois de ter se detido para cortar o cabelo e fazer a barba. Por outro lado, ele parece sentir saudade da família, de sua mulher e de sua filha, e providencia para que seja afixada uma placa para eles na parede do santuário de Nossa Senhora de Loreto, representando-os de joelhos diante da figura de Maria, com a inscrição: "Michel de Montaigne, francês da Gasconha, cavalheiro da Ordem do Rei, 1581, Françoise de La Chassaigne, sua mulher, e Léonor de Montaigne, sua única filha."

Mas o mais importante sobre a estada de Montaigne nos banhos e os prazeres – sexuais ou não – que proporcionam é que cria nele uma consciência aguda de seu corpo. Em relação a outras doenças, ele observa, logo que você retorna ao "ar fresco, ao vinho, à sua mulher e aos melões" (sua fruta favorita), "é um milagre se não recai em algum novo sofrimento". Mas a pedra "sai limpa", focalizando sua atenção na falta de dor, assim como na dor. A pedra, portanto, proporciona uma forma de se tornar consciente da saúde do que é existir. Por meio dela, Montaigne alcança uma intensificação do sentido cinestésico de si próprio, de ser Michel de Montaigne. A sensação de expelir uma pedra ele celebra, portanto, em termos que ecoam tanto o nascimento quanto o orgasmo:

> ... existe algo mais doce que a súbita mudança quando, depois de extrema dor, ao expelir a pedra, eu recupero, como no clarão de um relâmpago, a bela luz da saúde, tão livre e plena, como acontece depois dos nossos súbitos e mais agudos ataques de cólica? A dor que sofremos num momento pode contrabalançar o prazer de tal repentina recuperação? Como a saúde me parece muito mais bela depois da doença, quando elas se aproximam tanto e estão em contato tão próximo, que sou capaz de reconhecê-las em sua armadura completa; quando parecem dois oponentes testando e desafiando um ao outro.

Nesses intervalos em que "meus ureteres ficam lânguidos, sem ferroar", Montaigne diz que volta ao seu "estado natural... eu converso, rio, estudo". E escrevendo, no final da vida, ele tem "lampejos de recuperação tão claros, embora irregulares e breves, que por pouco não equivalem à minha saúde e ausência de dor juvenis". O papel da dor se transforma não em algo com que aperfeiçoar nossa estoica indiferença à vida, porém em algo que nos aproxima do sentido da vida:

> Do mesmo modo que os estoicos dizem que os vícios foram criados como um auxílio à virtude, podemos dizer, com maior razão e

conjetura menos ousada, que a natureza nos deu a dor para que valorizássemos e apreciássemos o prazer e o descanso.

Água morna, vinho, melões e o sorriso sutil dos olhos de uma moça bonita: todos têm o poder de melhorar o humor de Montaigne, mas a simples ausência da dor, "a bela luz da saúde" – "uma saúde transbordante, rica e preguiçosa" –, tem um papel transformador.

Igualmente importante é como o sofrimento facilita o companheirismo e a simpatia para Montaigne. Em seu ensaio final, ele diz com esnobismo escancarado: "Vejo por todo lado homens afligidos pelo mesmo tipo de doença e é uma sociedade respeitável, já que ela se liga de preferência aos grandes: é essencialmente uma doença nobre e digna." Ele escreve para o marechal de Matignon com a afabilidade de um cossofredor, desejando que "a pedra que o afligia ultimamente... tenha saído com facilidade, como a que eu expeli na mesma época". O Seigneur de Langon demonstra até como parar o fluxo de urina e retomá-lo, de modo que a pedra salte como uma rolha. (Não admira que Montaigne seja tão obcecado por sistemas hidráulicos e fontes de despreocupada alegria.)

A pedra também coloca Montaigne em contato com a simples bondade. Ele conta que engoliu "caldos de barba-de-cabra ou herniária" várias vezes "para agradar às senhoras que, com uma bondade maior que a agudeza de minha dor, me ofereciam a metade do delas". E, resumindo suas descobertas depois que voltou das viagens, conclui que a eficácia dos banhos está tanto na companhia quanto nas próprias águas:

Quem não traz consigo bastante alegria que lhe permita desfrutar o prazer da sociedade que encontrará ali, e as caminhadas e o

> exercício a que a beleza dos lugares em que essas águas geralmente se localizam nos convida, sem dúvida perderá a melhor e maior parte de seu efeito.

E assim a viagem de Montaigne chega ao fim. A cura que esperava encontrar não se materializa – em seu ensaio final, escreve que só "tolos" acreditam que as pedras se dissolvem "ingerindo-se líquido" – mas uma recuperação mais profunda ocorreu. Para Montaigne, viajar torna um homem estrangeiro em relação a si mesmo, não apenas em suas maneiras, linguagem e costumes, mas na noção habitual de si. Por meio das viagens, começa a considerar a distinção entre igualdade e diferença, barbárie e civilização, concluindo que o que geralmente é visto como não civilizado está simplesmente "fora do eixo do costume". Diz que considera "todos os homens como meus compatriotas e abraço um polonês como abraçaria um francês". Além disso, ao nos abrir para outros costumes e outro povo, a viagem tem o poder de revitalizar nossa relação com nós mesmos, na mistura de nossa mente e nosso corpo, de nós conosco.

Em 7 de setembro de 1581, depois de ficar de molho durante uma hora no banho em Lucca, Montaigne recebe a carta que temia, informando-o de sua eleição para a prefeitura de Bordeaux, exortando-o a aceitar "pelo amor de meu país". O dever o chama. Porém, retorna para casa dando voltas, passando por Siena e por Roma, dizendo a seu secretário que se considera "como uma pessoa que está lendo uma história engraçada ou um bom livro e começa a temer que esteja chegando ao fim". Mas, quando finalmente chega ao destino, quase três meses mais tarde, sua narrativa continua:

> No domingo 26 de novembro, saí de Limoges depois do jantar e dormi em
>
> LES CARS, a cinco léguas, onde não havia ninguém exceto Madame des Cars. Na segunda-feira, dormi em
>
> PÉRIGUEUX, a cinco léguas. Na quarta-feira, dormi em
>
> MAURIAC, a cinco léguas. Na quinta-feira, dia de Santo André, último dia de novembro, dormi em
>
> MONTAIGNE, a sete léguas, que eu havia deixado em 22 de junho de 1580, para ir a La Fère. Assim, minhas viagens duraram dezessete meses e oito dias.

"Dormir em Montaigne." É interessante como Montaigne descreve sua volta para casa como se fosse outra parada no caminho: como se fosse hospedar-se consigo; dando a si a honra de dormir em sua própria cama. Como para testemunhar esse discreto momento de encontro consigo mesmo, sobe à biblioteca e o registra novamente nas guardas de seu exemplar de *Ephemeris Historica*, de Beuther, transformando seu diário num livro para visitantes, imprimindo em suas páginas os movimentos silenciosos de sua própria mão.

9

Os exercícios de Vênus

A volta de suas viagens inaugurou para Montaigne um período ininterrupto de serviço público como prefeito por dois mandatos, de 1581 a 1585. Sua relutância em assumir o posto foi sem dúvida influenciada pela imagem que tinha de seu pai quando este era prefeito: "Lembro-me de como o via quando eu era menino... tendo pouco cuidado com a própria vida, que chegou quase a perder, pois era obrigado a fazer longas e fatigantes viagens no interesse deles." Para Montaigne, os tempos agora eram ainda mais problemáticos, com as tentativas de negociação que fazia entre as forças católicas leais ao rei e os interesses rivais do líder protestante Henrique de Navarra. Ele diz que algumas pessoas alegaram que sua administração não deixou nenhuma "marca ou sinal", mas responde: "Sou acusado de não ter feito nada quando quase todos os outros foram culpados por terem feito demais!"

No entanto, de algum modo, Montaigne conseguiu achar tempo para retornar aos *Ensaios*. Novas edições corrigidas foram lançadas em 1582 e em 1587, e, em 1588, uma nova edição ampliada foi publicada, incluindo significativos acréscimos ao texto e um terceiro volume com 13 novos ensaios. (A cópia pessoal de Montaigne dessa edição, com acréscimos manuscritos posteriores, ainda existe, sendo conhecida como "a cópia de Bordeaux", e serve de base para a maioria das edições modernas de seu texto.) Nesses acréscimos mais tardios, Montaigne confirma sua declaração de que "o prefeito e Montaigne sempre foram duas pessoas", ao escrever num tom mais pessoal, redigindo ensaios sobre assuntos como vaidade, arrependimento e sexo.

O próprio Montaigne representa a espiritualidade das atitudes renascentistas em relação ao sexo, sendo ao mesmo tempo mais moralista e mais sem freios do que nós. Sua mulher tinha vinte anos quando se casou com ele, que tinha 32 anos, e supostamente era muito bonita; no entanto, Montaigne se comportava com reservas no leito nupcial. Comparava-se a Maximiliano I, da Áustria que, apesar da grande beleza física, era "cuidadoso como uma virgem em não se revelar, chegando a escrever em seu testamento que deveriam vestir-lhe ceroulas quando morresse". E um dos amigos de Montaigne, Florimond de Raemond, escreve em sua cópia dos *Ensaios* uma nota sobre a castidade marital de Montaigne, declarando que ele nunca havia sequer olhado os seios de sua mulher. Mas Montaigne parece se soltar em seus ensaios, cuja liberdade lhe permite questionar "aquelas inibições cômicas pelas quais nossa sociedade está tão acorrentada".

No centro da moralidade estoica e cristã de sua época havia uma aversão compartilhada em relação ao sexo. A história cristã começava com a tentação de Eva por Satanás e a subsequente tentação de Adão por Eva, ligando o pecado original às mulheres, mas os estoicos também viam o sexo como incapacitante por sua associação com as mulheres e sua ação suavizante e debilitante. Zeno, o fundador da seita estoica, teve relações com uma mulher apenas uma vez, observa Montaigne, e isso apenas para salvar as aparências. E, em seu *De constantia*, Justus Lipsius descreve o céu de um Jardim do Éden só masculino, não perturbado pelas exigências emocionais do sexo frágil. Tais atitudes misóginas eram repetidas em nível popular, no qual as mulheres eram vistas como volúveis e inconstantes: seus corpos vazavam misteriosamente nos ciclos mensais, a vagina era um lugar escuro, aterrorizante e impossível de conhecer. *Diaboli virtus in lumbis est*, como disse São Jerônimo: "O poder do diabo está na região pubiana."

A reação religiosa ao corpo era, portanto, de punição, como diz Montaigne – "vigílias, jejuns e camisas de cilício, exílios distantes e solitários, prisões perpétuas, açoites e outras aflições" –, um processo que ele próprio testemunhara em Roma, onde uma procissão de penitentes escarificava os ombros, os chicotes "tão grudados de sangue coagulado que tinham que ser molhados para se desenrolarem". E, embora uma irreverência popular continuasse pelo século XVI, a última metade do século presenciou uma repressão crescente dos costumes sexuais. Os quartos se separaram das áreas de convivência, e as crianças passaram a dormir sozinhas. As ceroulas se tornaram obrigatórias e a nudez virou tabu. Palavras referentes a partes particulares do corpo passaram a ser consideradas como sujas – "não ousamos chamar nossos membros por seu nome correto", Montaigne se queixa. E uma enxurrada de manuais de conduta colocava uma ênfase crescente no controle do comportamento sexual, particularmente quanto à castidade de mulheres e filhas. Em sua obra amplamente lida *O estado cristão de matrimônio* (1541), o reformador suíço Heinrich Bullinger descrevia "como filhas e donzelas devem ser guardadas":

> Bem, quanto a isso, qualquer pai prudente saberá pelas regras mencionadas anteriormente como impô-las para que se evite qualquer desregramento... Livros de Robin Hood,* Bevis de Hampton,**

---

* Robin Hood – lendário fora da lei inglês no reino de Ricardo I que, de acordo com a tradição, vivia na Floresta de Sherwood e roubava dos ricos para dar aos pobres. (N.T.)

** Bevis de Hampton – herói de um romance de cavalaria inglês do início do século XIV que também existe em versões anglo-normanda, francesa,

> Troilo* e fábulas do gênero apenas despertam nos mentirosos mentiras semelhantes e amor lascivo, que não deve ser bebido na juventude com a primeira saliva... Tomem o Novo Testamento em suas mãos e o estudem diligentemente e descubram a fé no batismo para mortificar a carne...

Contra essas restrições paranoicas, Montaigne usa um tom mais razoável. Lembra que sua própria filha, lendo, tropeçou na palavra "fouteau" (faia) e pronunciou "foutre" (foder), o que causou um constrangimento momentâneo a seu tutor. Mas Montaigne registra isso como um observador mais mundano, que não se choca, notando que o constrangimento do tutor serviu apenas para despertar o interesse da filha. E esse contexto puritano se reflete no caráter indireto e esquivo do título do ensaio de Montaigne sobre sexo: "Sobre versos de Virgílio."

Porém, ao se dedicar a esses ensaios tardios, aos 53 anos, Montaigne se mostra mais indiscreto à medida que se torna mais maduro, mais franco nas confissões, sinalizando sua rejeição às restrições do estoicismo e à sociedade educada, e seu desejo de:

> agora, deliberadamente, me permitir um pouco de liberdade e ocupar minha mente às vezes, para lhe dar descanso, com pensamentos

---

italiana, escandinava, celta e eslava. Embora suas aventuras sejam constituídas de temas típicos, como assassinato, identidade trocada e vingança, a história é notável por sua comicidade. (N.T.)

* Troilo – mito grego; filho mais novo do rei Príamo e da rainha Hécuba, morto em Troia. No romance medieval, ele é apresentado como o amante de Créssida. (N.T.)

> brincalhões e jovens. Na minha idade estou muito rançoso, muito pesado e muito maduro. Todos os dias, minha idade me dá lições de frieza e temperança... Não me sobra uma hora de descanso, dormindo ou acordado, sem pregações sobre morte, paciência e penitência. Agora eu me defendo contra a temperança, como antes o fiz contra a sensualidade.

Agora sente pouco constrangimento e declara sua urgência em confessar tudo: "Falo a verdade, não tanto quanto gostaria, mas tanto quanto ouso; e ouso um pouco mais à medida que fico mais velho."

Diz que sente "doçura na companhia de mulheres *belas e* honestas" (acrescenta "belas" numa data posterior) e relembra a idade tenra de sua primeira experiência sexual – "muito antes da idade da escolha e da compreensão". Vangloria-se de que, na juventude, deu curso livre às "asas esvoaçantes de Cupido", embora não se lembre de conseguir mais de seis relações em um encontro. Recorda que suas suíças serviam de lembrança: "Os beijos íntimos da juventude, saborosos, gulosos e grudentos, costumavam se prender nelas e ficar ali por muitas horas", revelando "o lugar de onde eu vinha". Pede para ser levado para voltar no tempo, olhando com carinho os prazeres sexuais de sua juventude.

Diz que prefere "o humor à prudência" à mesa de jantar e "a beleza à bondade" na cama. Não deseja prazeres "nobres, magníficos e sublimes" tanto quanto os "deliciosos, fáceis e que estejam à mão". Considera o sexo principalmente uma questão de "visão e tato": "pode-se fazer alguma coisa sem os encantos da mente, mas nada sem os encantos do corpo." Discute maneiras de retardar a ejaculação: "Dirigir nosso espírito para outros pensamentos naquele instante" – talvez para "cavalos de guerra" ou "se um governante deve ou não negociar", mas se deve "retesá-lo e endurecê-lo atentamente", aconselha Montaigne – acrescentando orgulhosamente em sua edição final: "Tenho muita experiência nisso."

No entanto, lastima-se por causa de seu pênis, dizendo que a natureza "me causou um enorme mal" ao fazê-lo tão pequeno. E confessa episódios de impotência – "um acidente que não me é desconhecido" – apenas para riscar a confissão (duas vezes, usando penas diferentes). Entretanto, fala sobre esses episódios* como falhas naturais, muitas vezes resultantes do poder da imaginação e não de bruxaria, como frequentemente se acreditava. Fala também de um "amigo" (ele mesmo?) que subitamente falhou desse modo – "no próprio momento do gozo" –, a ponto de a lembrança disso continuamente o "inibir e tiranizar". Ele obteve alívio desabafando com outro amigo, o que "acalmou a tensão do seu espírito". Os ensaios seriam, perguntamo-nos, um modo de "cura pela palavra" usado por Montaigne?

E, se as coisas dão errado, Montaigne oferece um aconselhamento compreensivo para os conflitos sexuais. O sexo não deve ser precipitado, nem deve ser tentado se as pessoas não estiverem preparadas. Os homens devem fazer "ensaios" e investidas, apresentando-se "com suavidade" em vez de arriscar uma recusa inicial, com o resultado de tornar o sexo uma disputa.

---

* O autor fala em "ligature", que em inglês significa, além de outras acepções, um estado de impotência sexual que seria induzido por feitiçaria. (N.T.)

Os homens também sofrem com a rebeldia de seu pênis "se intrometendo tão rudemente quando não temos nenhum uso para ele e falhando tão importunamente quando temos a maior necessidade dele... recusando com tanta teimosia e tanto orgulho as nossas solicitações, mentais e manuais". O antigo magistrado Montaigne põe seu pênis no banco dos réus num julgamento simulado, mas alega a insubordinação comum de outras partes nossas: o rosto que trai nossas emoções; nossos cabelos que ficam em pé. É apenas a inveja do pênis que as faz apontar o dedo acusador.

E, mais uma vez, Montaigne se reporta aos antigos, dessa vez não por sua coragem e força militar, mas por sua atitude relaxada em relação ao corpo. Conta que usavam uma esponja para se limpar quando iam ao banheiro e se limpavam com lã perfumada depois do ato sexual. César raspava o corpo e o untava com óleo. Montaigne admira o filósofo grego surpreendido com as calças arriadas que explicou – "estou semeando um homem" – com a mesma calma que teria se estivesse plantando alho. Quando foi visto se masturbando em público, Diógenes gracejou com os circunstantes dizendo que desejaria poder aplacar seu estômago esfregando-o da mesma maneira.

A literatura deles é desinibida de maneira semelhante, e Montaigne lista as obras antigas dedicadas à arte do amor: *Sobre a conjunção carnal*, de Estratão; *O amante* e *Sobre o amor*, de Teofrasto; *Sobre antigos prazeres*, de Aristipo; *Sobre exercícios amorosos*, de Aristo; sem falar na fábula de Crisipo sobre Júpiter e Juno – "desavergonhada além de todos os limites". Mas, acima de tudo, Montaigne admira o descaramento da poesia dos antigos, como os versos de Virgílio mencionados no título de seu ensaio que contam como Vênus (aqui, a partir da tradução de Dryden):

seus braços, de matiz de neve,
Em torno de seu marido irresoluto lançou.
Os abraços suaves dela logo infundem desejo;
Os ossos e medula dele inspiram súbito calor;
E toda a divindade sente o costumeiro fogo.
Nem metade da rapidez tem o trovão retumbante ao cortar [o ar
Ou os relâmpagos em zigue-zague ao faiscar pelos céus...
Tremendo, ele falou; e, ansioso pelos encantos dela,
Arrebatou a deusa desejosa em seus braços;
Até no colo dela se infundir, ele permaneceu possuído
De total desejo, e mergulhou em agradável descanso.

Ovídio declara ainda mais claramente:

Et nudam pressi corpus ad usque meum.
Apertei seu corpo nu contra o meu.

"Sinto que ele me torna um eunuco com esta expressão... ao expô-la tão completamente", confessa Montaigne.

Na "Apologia", Montaigne volta sua atenção para o esperma, considerando as extrapolações dos antigos. É a espuma do melhor de nosso sangue, como diz Pitágoras, ou a medula de nossa espinha dorsal, de acordo com Platão, pois é ali que começamos a sentir desejo durante o sexo? É parte da substância do cérebro, já que os viciados em sexo têm os olhos curiosamente turvos? Ou é destilado de toda a massa do corpo, ou melhor, da alma e do corpo, de acordo com Epicuro? E é a própria Criação pouco mais que uma imensa ejeção, como imaginava Sócrates, sendo toda a vida formada por uma substância leitosa no que só pode ser chamado de o *big bang* original?

E em suas excursões ensaísticas sobre os costumes do mundo Montaigne faz livres associações sobre costumes liberais de outros lugares não especificados: onde a castidade só é valorizada no casamento e as moças se abandonam à vontade, assegurando, com o uso de drogas, abortos quando ficam grávidas. Em alguns lugares, os comerciantes compartilham suas mulheres na noite de núpcias com colegas de trabalho, como fazem os oficiais de patentes mais altas. Se o casamento for de um trabalhador ou de um camponês, ela é ofertada ao senhor local, observa Montaigne.

Contudo, antes de tudo, o sexo revela a dívida que temos para com os nossos corpos, mostrando que eles têm uma vida e desejos que invalidam os ditames estoicos:

> A mesma causa que anima este membro também anima, sem nosso conhecimento, o coração, os pulmões e a pulsação; a visão de um objeto agradável espalha imperceptivelmente em nós a chama de uma emoção ardente... Não ordenamos a nosso cabelo que fique em pé ou a nossa pele que se arrepie de desejo ou de medo. A mão muitas vezes se move para onde não a mandamos. A língua fica paralisada e a voz congelada em seu tempo próprio.

O próprio orgasmo mostra a necessária confusão de mente e corpo – o momento em que "Vênus se prepara para semear os campos da mulher" (Lucrécio) e "o prazer nos transporta para tão além de nós mesmos que nossa razão não poderia cumprir sua função, estando completamente imobilizada e extasiada de prazer."

A natureza, observa Montaigne, também gosta de dar um passeio pelo lado selvagem.

Ao visitar Vitry-le-François no Marne, durante sua viagem a Roma em 1580, Montaigne ouve o que descreve como "três histórias memoráveis". A primeira é que a viúva do duque de Guise ainda estava viva aos 87 anos e ainda era capaz de andar um quilômetro e meio. A segunda é que, alguns anos antes, algumas moças do lugar resolveram se vestir e viver como homens. Uma delas, chamada Mary, foi para Vitry ganhar a vida como tecelã. Ela se envolveu com uma moça do lugar, mas depois rompeu o relacionamento e se mudou para Montirandet. Lá, casou-se com uma mulher com quem viveu para a sua "satisfação" por quatro ou cinco meses até ser reconhecida por alguém de Chaumont e, encaminhada à Justiça, foi condenada à forca – "o que disse que preferia enfrentar a reassumir suas roupas e hábitos originais".

A terceira história se refere a um homem que ainda vivia e que até a idade de 22 anos era uma moça chamada Marie – isto é, até ela pular uma vala ao perseguir um porco e "seus órgãos masculinos aparecerem". Daí em diante, as moças do local cantavam uma canção que falava sobre os perigos de dar um salto ao fazer uma caminhada e, em decorrência disso, virar um homem. O nome dela/dele foi trocado para Germain pelo bispo de Châlons (convenientemente o nome continha o antigo "Marie") e ele agora tinha uma barba densa, mas morava sozinho. Montaigne tentou fazer-lhe uma visita, mas ele não estava em casa.

Claramente há alguma coisa em relação à água das redondezas de Vitry, que fora construída para substituir "a outra Vitry", queimada por Carlos V cerca de quarenta anos antes, mas nessas três histórias memoráveis – a de uma viúva que com sua virilidade compensava a perda do marido, a de duas mulheres vivendo como marido e mulher, e a de um homem nascido mulher –, Montaigne toca em algumas das mais profundas diferenças entre as noções moderna e pré-moderna de diversidade sexual, o que torna a visão de mundo da Renascença ao mesmo tempo mais estranha, mas também mais moderna do que a nossa. Historiadores culturais descrevem que na Renascença se trabalhava com a noção de diferença sexual de "um sexo" que remonta aos gregos, na qual homens e mulheres eram iguais fisiologicamente, mas separados ao longo de um espectro de diversidade, o masculino sendo visto como uma versão mais tardia e perfeita do feminino. Assim, em ilustrações anatômicas da época, o que parece ser o órgão masculino se revela como órgão feminino, a forma masculina sendo vista como uma inversão da forma feminina – literalmente virada de dentro para fora, o que contrasta com nossa versão moderna, biologicamente determinada, de diferença sexual, em que masculino e feminino são essencial e necessariamente diferenciados. Onde vemos uma diferença essencial, os primeiros modernos viam coisas próximas ou quase iguais.

Montaigne toca nessas ideias em seu ensaio "A propósito de uma criança monstruosa", em que ele conta como viu uma criança que era exibida por dinheiro:

> Há dois dias vi uma criança que dois homens e uma babá... levavam pela rua para conseguir dinheiro mostrando sua aparência estranha... Abaixo do peito ela estava presa a outra criança sem cabeça... [e] um braço era mais curto do que o outro, que tinha sido quebrado acidentalmente no parto.

> Elas eram unidas pelos rostos, como se uma criança menor tentasse enlaçar com os braços o pescoço de uma maior... A babá nos contou que ela urinava pelos dois corpos e que os membros da outra criança eram alimentados, tinham sensibilidade e as mesmas condições que os da criança maior, exceto que eram mais curtos e magros.

E, numa edição subsequente, acrescenta outro exemplo da variação de geração:

> Eu acabei de ver um pastor em Médoc, de cerca de trinta anos de idade, que não mostra traços de órgãos sexuais: ele tem três orifícios de onde sai água incessantemente; ele tem barba, tem desejo e busca contato com mulheres.

A escolha de palavras de Montaigne – a criança sendo mostrada por dinheiro (*montrer*); o pastor que não mostra (*montre*) nenhum órgão genital – faz um elo com a palavra "monstro", do latim *monstrum*, que significa uma exibição, um presságio, um aviso da providência de Deus. O que Montaigne parece dizer é que, enquanto vemos a criança como algo "monstruoso", para o pastor "mostrar" os órgãos sexuais masculinos pode parecer igualmente monstruoso. E talvez as características hermafroditas do pastor possam ser uma versão integral de algo mais inteiro: talvez o ápice da tentativa da criança mais fraca de abraçar o irmão.

Em seus acréscimos finais, manuscritos, ao ensaio, Montaigne pergunta se "os que nós chamamos de monstros não o são para Deus, que vê na imensidade de Sua obra uma infinidade de formas.

Quem poderá dizer se essa figura que assombra não tem semelhança com alguma outra figura desconhecida para nós" – talvez para o/*a* próprio/*a* – Deus?

E, no contexto da variedade de experiências sexuais, Montaigne abre sua mente para a possibilidade de um maior número de normas sociossexuais. Fala de países onde há bordéis masculinos e onde são contraídos casamentos entre homens. Em Roma, é informado sobre uma seita portuguesa que pratica o casamento entre pessoas do mesmo sexo "com as mesmas cerimônias... o mesmo ritual religioso de casamento... e iam para a cama e viviam juntos". Ele fala de países em que as mulheres acompanham seus homens à guerra e compartilham da luta e também do comando.

E, enquanto em seus comentários improvisados Montaigne parece muito um homem de seu tempo – diz que, para três mulheres bonitas, é preciso beijar cinquenta feias e cita o duque de Bretanha quanto ao fato de que tudo o que uma mulher precisava saber era a diferença entre o gibão e a camisa do marido –, no corpo de seus ensaios, entretanto, ele experimenta, tanto quanto possível, pensar fora das convenções e imaginar o que as mulheres pensam dos homens. E aqui, principalmente em seus acréscimos tardios, põe os homens no microscópio, sugerindo:

> Em todo caso, a inconstância talvez seja mais perdoável nelas do que em nós. Elas podem alegar, como fazemos, a tendência à variedade e novidade comum a todos nós; e, em segundo lugar, podem dizer, como nós não podemos, que entram no casamento no escuro.

Ou, como poderíamos dizer, compram gato por lebre: as mulheres não sabem como os homens se desempenharão quando chegarem em casa, uma situação que Montaigne considera exacerbada pela moda contemporânea das enormes braguilhas sobre a genitália, que faziam "uma demonstração irreal da forma de nossos membros sob nossas meias gascãs".

Quando lhes permitem fazer o que querem, as mulheres são bastante capazes de se organizar por conta própria, como Montaigne descobre durante uma visita às freiras de Poussay, uma fundação criada para a educação de meninas. Não há exigência de virgindade, exceto para a abadessa e a prioresa, e todas se vestem como desejam, apenas um pequeno véu é obrigatório. Têm liberdade para receber visitas em seus quartos, até para serem pedidas em casamento. No entanto, a maioria delas escolhe passar o resto de seus dias lá. Talvez com tais exemplos em mente (e a sobrinha de Montaigne, Jeanne de Lestonnac, iria fundar uma ordem semelhante para educar moças), Montaigne conclui: "As mulheres não estão absolutamente erradas quando rejeitam as regras de vida que foram introduzidas no mundo, já que foram os homens que as estabeleceram sem consultá-las."

Mas talvez a evidência mais significativa da atitude de Montaigne em relação às mulheres possa ser constatada em sua relação com Marie de Gournay, que viria a se tornar a editora e testamenteira literária de Montaigne depois de sua morte. Nascida em 1565, era 32 anos mais nova do que Montaigne, que ela lera em sua adolescência. Conheceram-se quando ela soube que Montaigne estava visitando Paris em 1588 e escreveu para ele, declarando "a estima que sentia por sua pessoa e por seu livro". A resposta dele foi viajar para Picardy para fazer uma visita à sua admiradora e à mãe dela.

que significa filha adotiva, o que pode parecer um pouco estranho, mas o pai de Marie havia morrido quando esta tinha 12 anos, e Montaigne, com esposa e filha, deve ter querido estabelecer a relação num patamar respeitável. Diz-se que ele passou três meses em companhia de Marie: ela, transcrevendo alguns de seus acréscimos aos ensaios; ele, impressionado por sua educação humanista. Ela era, sem dúvida, uma mulher admirável, com capacidade intelectual acima de sua idade e bem além de sua suposta situação de vida. E o tributo de Montaigne aos seus talentos foi publicado na edição póstuma de seus *Ensaios* de 1595:

Em vários lugares tive o prazer de declarar as expectativas que

> Em vários lugares tive o prazer de declarar as expectativas que tenho em relação a Marie de Gournay Le Jars, minha *fille d'alliance*, que é amada por mim com um amor mais do que paternal e que está incluída em minha solidão e isolamento como uma das melhores partes de meu próprio ser. Não há nada que eu considere mais no mundo do que ela. Se a juventude for um indício, sua alma será capaz de grandes coisas um dia, entre outras a perfeição daquela amizade sagrada à qual, lemos, seu sexo até agora foi incapaz de aspirar...

Como a passagem só foi incluída na edição dos *Ensaios* que a própria Marie de Gournay editou, estudiosos especularam, inconclusivamente, sobre a autenticidade do elogio. A respeito da existência de um relacionamento ainda mais próximo entre Montaigne e Marie de Gournay, nunca saberemos. Mas uma passagem dos *Ensaios* na verdade sugere uma ligação mais apaixonada, certamente da parte dela:

> Quando retornei daquela famosa assembleia dos estados em Blois, pouco antes tinha visto uma moça em Picardy, para testemunhar o ardor de suas promessas e de sua fidelidade, se espetar com o grampo que usava nos cabelos, quatro ou cinco espetadas fortes no braço, furando a pele e fazendo-a sangrar com vontade.

No entanto, dada a inclusão da descrição dessa apaixonada autoflagelação em seu texto, não podemos ter certeza se tal demonstração de violenta fidelidade teria cativado Montaigne ou tido o efeito contrário.

~

Montaigne termina "Sobre versos de Virgílio" com uma metáfora intrigante:

> Para concluir este comentário notável, que escapou de mim em um fluxo de conversa, um fluxo às vezes impetuoso e ofensivo.

Aqui ele se retrata como quase feminino, escrevendo o ensaio como num fluxo menstrual. E nos perguntamos sobre aqueles momentos em que Montaigne se vê como em trabalho de parto na expectativa de dar à luz uma pedra de rim, ou se banhando nos banhos das mulheres em Lucca, ou recebendo um dos clisteres gentilmente aplicados pelo capitão Paulino. Ele cita Horácio a respeito de um belo rapaz, impossível de ser diferenciado numa fileira de moças "com seu cabelo longo e rosto ambíguo" e ele próprio confunde uma moça com um rapaz numa igreja em Roma, perguntando a ela: "Você fala latim?" Ele cita Ovídio a respeito de Tirésias, por quem "Vênus foi conhecida em ambos os aspectos", e ele mesmo diz que Cupido deveria ter direito à sua liberdade volúvel, e não é servido da melhor maneira quando agarrado por "mãos peludas e grisalhas".

Mas, qualquer que fosse a sexualidade definitiva de Montaigne, sua mensagem final é um desafio à separação estoica entre homens e mulheres – "digo que homens e mulheres são fundidos no mesmo molde: excetuando a educação e o costume, a diferença não é grande" – e para nos lembrar de que é nossa proximidade, bem como nosso distanciamento de nossos corpos, que faz de nós o que somos. Um pensamento bastante familiar hoje em dia, mas que, no contexto da moralidade do século XVI, representa uma mudança de proporções quase copérnicas: nele, Montaigne traz de volta nossos instintos ao centro da órbita humana, eixo em torno do qual todas as nossas outras práticas giram. Diferentemente de outras formas de interação, o sexo é baseado em "reciprocidade e troca mútua"; ele "só pode ser pago na mesma moeda". Em comparação, castiga a hipocrisia e a crueldade do que se passa por virtude convencional, e sua indignação é refletida nos acréscimos ardentes que faz ao seu texto:

> Todos evitam ver o nascimento de um homem, todos fazem fila para vê-lo morrer. *Para destruí-lo, procuram um campo espaçoso em dia claro; para criá-lo, esgueiram-se num fosso escuro e estreito.* É um dever esconder e *corar* ao fazê-lo, mas é glorioso e semente de muitas virtudes desfazê-lo.

Montaigne finalmente acrescenta o comentário amargo: "*Consideramos nossa existência um vício.*"

Em oposição a esse duro puritanismo, Montaigne aceita a atração natural e inevitável dos sexos, nosso profundo desejo pelo outro e a centralidade do sexo na paisagem natural de nossa existência: "Todo o movimento do mundo conduz nessa direção e se resolve nesse acasalamento; é uma questão que impregna tudo, é o centro para o qual tudo se volta." Numa igreja alemã ele vê os homens e as mulheres sentados à direita e à esquerda do corredor central: a igreja em sua própria estrutura afirmando a lição da queda (de Adão e Eva). No entanto, mais tarde ele presencia a superação de tal divisão na reconciliação atemporal de uma dança de aldeia:

> Depois de uma pausa curta o cavalheiro vai reaver seu par, e beija a própria mão para ela; a dama recebe o cavalheiro, mas não beija a própria mão; e então, pondo a mão debaixo da axila dela, ele a abraça, de modo a ficarem com os rostos colados...

Os homens estão "de cabeças descobertas e não muito ricamente vestidos", observa Montaigne, sinal de sua condição modesta, mas talvez também – como em suas reflexões sobre a nudez dos habitantes do Novo Mundo – sinal de inocência e abertura de um em relação ao outro quando as mulheres lhes põem as mãos nos ombros e eles começam a dançar.

10

Um toque de mão familiar

> Eu considerava a morte com indiferença quando a julgava universalmente – como o fim da vida. Não presto atenção nela no geral, mas no detalhe ela me preocupa. As lágrimas de um empregado, a distribuição de minhas roupas, um toque de mão familiar, uma frase comum de conforto me angustiam e me levam às lágrimas.

Durante os últimos anos da década de 1580, Montaigne continuou a ter um papel ativo na vida política e diplomática. Em fevereiro de 1588, esteve na corte de Henrique III numa missão de Henrique de Navarra, um evento relatado pelo embaixador inglês sir Edward Stafford como a chegada de "um Montigny, um cavalheiro muito sensato do rei de Navarra, a quem ele tem dado a sua palavra para apresentar ao rei"; acrescentando numa carta posterior: "O homem é católico, um homem muito competente; foi prefeito de Bordeaux e não aceitaria a missão de trazer ao rei nada que não lhe agradasse." E, poucos dias depois, o embaixador espanhol Mendoza escreveu para Filipe II sobre a chegada de Montaigne, "considerado um homem de entendimento" – no entanto, acrescentava grosseiramente sobre o nosso herói: "Embora um tanto confuso." A despeito do pouco caso de Mendoza, porém, logo depois, Montaigne foi preso por um breve tempo na Bastilha pela Liga Católica, em retaliação à detenção de um membro da Liga em Rouen. Sem dúvida, Montaigne ainda era considerado um homem influente, e foi solto somente por insistência de Catarina de Médici.

O envolvimento continuado de Montaigne com o mundo perigoso da diplomacia, apesar de seu alegado afastamento, tem correspondência nos ensaios com a preocupação com o modo pelo qual as pessoas agem, influenciam e afetam umas às outras por meio de seu ser físico. Naturalmente, num mundo sem correio eletrônico ou telefone, isso é, em grande parte, normal. Mesmo assim, as missões diplomáticas de Montaigne enfatizam a importância das relações pessoais – e da presença pessoal – na política do século XVI, como Mendoza esclarece em sua carta, contando como o próprio Montaigne influenciará a condessa de Navarra e, por intermédio dela, terá influência sobre Henrique.

O interesse de Montaigne nesses assuntos remonta a seus primeiros ensaios, quando escreve "Da fala rápida ou lenta" e "Cerimônia na audiência com reis". E, na verdade, seu primeiro ensaio – "Por meios diversos chegamos ao mesmo fim" – começa tratando do efeito que nosso comportamento tem sobre os outros e se isso tem algum motivo ou fundamento:

> A maneira mais comum de enternecer os corações de quem nós ofendemos, quando eles têm o poder de vingança e nos têm à sua mercê, é pela submissão, para induzi-los à comiseração e à pena. No entanto, audácia e decisão, recursos totalmente opostos, às vezes têm o mesmo efeito.

Ele acrescenta que possui o que seria considerada uma disposição "covarde" para a compaixão, contrariamente às regras estoicas, que nos levariam a considerar a piedade "um vício". No entanto, o ensaio termina sem esperança, em sintonia com a aspereza dos tempos, catalogando a crueldade gratuita de Alexandre no tratamento a Betis, o líder desafiador dos gazeanos, que ele mandou arrastar até a morte, preso a uma carroça.

Mas, embora os ensaios talvez comecem desesperançados com as relações humanas, num mundo despedaçado pela violência da guerra civil, à medida que avançam, especialmente no terceiro volume dos ensaios, acrescentado à obra em 1588, Montaigne revela um interesse crescente na dimensão física das relações humanas, escrevendo sobre temas como "Dos três tipos de associação", "Da fisionomia" e "Da arte da conversação". E, nos acréscimos manuscritos que faz ao texto nos anos anteriores à sua morte, esse interesse parece aprofundar-se. A despeito da visão dos estoicos de que devemos considerar amigos e parentes como potes de barro e lamentar suas mortes pouco mais do que como se esses potes tivessem quebrado, Montaigne declara que a presença da tristeza é uma coisa para a qual nunca conseguimos nos preparar adequadamente:

> Nenhuma sabedoria é tão altamente formada de modo a ser capaz de conceber uma causa de dor tão vívida e tão completa que não seja aumentada pela presença real, quando os olhos e os ouvidos compartilham dela...

Ele conta que transportou o corpo de seu amigo Monsieur de Grammont do cerco de La Fère e que, em todos os lugares por onde passavam, os circunstantes reagiam com "lágrimas e lamentações pela simples presença de nosso comboio, pois até o nome do morto lhes era desconhecido".

Não importa o quão estoicamente nos distanciemos de nossas emoções: nunca podemos nos isolar totalmente da influência afetiva dos outros: "as lágrimas de um empregado... um toque de mão familiar" nos trazem de volta a nós mesmos e nos prendem à vida mais uma vez.

~

Naturalmente, grande parte da consciência de Montaigne acerca do efeito de nosso comportamento sobre os outros foi adquirida por sua experiência como senhor local, magistrado e prefeito e como negociador durante as guerras civis. E os ensaios contêm muitas reflexões sobre a arte da diplomacia. Ele diz que a maioria das pessoas se mostra tão próxima da posição do outro quanto possível, ao passo que ele usa um estilo todo seu:

> Não digo nada a um homem que não possa dizer, no momento certo, a outro homem, com uma pequena alteração na ênfase... Não há nenhum ponto vantajoso sobre o qual eu me permitiria lhes contar uma mentira. O que foi confiado ao meu silêncio, eu escondo religiosamente; mas aceito o mínimo possível de coisas para esconder. Os segredos dos príncipes são um fardo problemático para quem não tem nada a ver com eles.

Ele se vangloria de que "poucos homens negociaram com lados rivais sob menos suspeita" e renuncia à duplicidade em favor da sinceridade: "Um discurso franco descerra o discurso do outro e faz com que ele flua, como o vinho ou o amor." E num ensaio, "Da cólera", descreve sua própria estratégia em negociações tensas, pedindo a seus oponentes que o deixem expressar sua raiva, assim como os deixará dar vazão à deles, dizendo que a tempestade somente se produz quando eles são impedidos de seguir seu curso

– "uma regra útil", acrescenta, "mas difícil de observar". A raiva, continua, também pode ser uma arma útil: ele a utiliza "para administrar melhor a minha casa" e confessa ser às vezes "precipitado e violento". Mas também é uma arma imprevisível: "Pois movemos outras armas e ela nos move; nossa mão não a guia, ela guia nossa mão; ela nos controla, nós não a controlamos."

Por outro lado, uma conduta suave e complacente pode ter um efeito igualmente desastroso. Ele registra o destino de Monsieur de Monneins, governador de Bordeaux, que saiu para dominar uma multidão durante as revoltas do imposto do sal em 1548, mas se conduziu de modo dócil em vez de usar autoridade e, em consequência, foi "miseravelmente assassinado". Em contraste, relata a compostura de Sócrates ao fugir da batalha, ressaltando "a firmeza e fixidez de seu olhar... olhando para amigos e inimigos, de forma a encorajar os primeiros e mostrar aos outros que venderia seu sangue muito caro". E o próprio Montaigne conta que, quando foi obrigado a fugir durante os distúrbios em seu país, "prestou-me bom serviço" agir assim de modo a não parecer "confuso e perturbado", mesmo que, na verdade, não estivesse "sem medo".

Embora Montaigne pareça, de muitas maneiras, um humanista típico, seu texto revela um desejo de ir além da página do livro e encontrar os antigos frente a frente. Diz que melhor seria ver o que Brutus fazia em "seu escritório e em seu quarto do que na praça pública e no senado", e se imagina sentado perto de Alexandre à mesa, vendo-o conversar e beber e "mexer suas peças de xadrez". E cita a consciência dos antigos da fisicalidade dos outros: como os romanos acariciavam as mãos dos grandes homens quando os encontravam e beijavam o rosto dos amigos, como os venezianos da época de Montaigne. Hipômaco dizia ser capaz de reconhecer um bom lutador só pelo modo de andar. César, relata Montaigne, coçava a cabeça como um sinal de que estava preocupado, enquanto Alexandre inclinava a sua um pouco para um lado, com ligeira afetação. Cícero franzia o nariz, o que sugere um homem dado a zombarias. E o imperador Constâncio, assim chamado apropriadamente,

> em público sempre olhava diretamente para a frente, sem se virar ou se flexionar para um lado ou para o outro... firmando seu corpo para ficar imóvel, sem permitir que o movimento da carruagem o sacudisse, não ousando nem cuspir, assoar o nariz ou secar o rosto na frente do povo.

Montaigne escreve a respeito no ensaio "Da presunção", para mostrar que até quando pensamos que não revelamos coisas sobre nós, mesmo assim revelamos.

E a atenção de Montaigne para a fisicalidade das pessoas também abrange as partes do corpo, instrumentos individuais de nossa abertura aos outros. Ele examina o busto de Tito Lívio em Pádua, "o rosto fino sugerindo um homem estudioso e melancólico" e demonstra seu conhecimento de quiromancia – quando uma linha corta a base do indicador é sinal de uma natureza cruel. Ele escreve até um ensaio "Dos polegares", contando que os reis bárbaros selavam tratados apertando as mãos com os polegares entrecruzados, depois os espetando para chupar o sangue um do outro. E nos lembra que, no fórum romano, "polegar para baixo" significava polegar para cima e "polegar para cima" significava polegar para baixo. Os professores espartanos, observa, puniam os alunos mordendo seus polegares. E Montaigne cita Marcial sobre as vantagens (ou desvantagens) evolutivas proporcionadas pelo polegar em oposição:

> Nem com a persuasão de palavras encantadoras
> Nem com a suave persuasão do polegar ele se levanta

– ou seja, masturbação.

E, por trás de seu interesse pelo comportamento corporal, Montaigne talvez esconda uma ansiedade a respeito da própria falta de presença física. Ele diz que tem uma "altura abaixo da média", mas se eleva na sua segunda edição para uma "altura *um pouco* abaixo da média". Isso é em parte razão de sua preferência por andar a cavalo: "A pé eu me enlameio até as nádegas e, em nossas ruas estreitas, homens baixos tendem a ser empurrados e acotovelados por falta de presença." Em suas viagens, diz que a melhor visão das prostitutas de Roma é "de cima do cavalo; mas isso é uma questão para pobres criaturas como eu". E, no final da "Apologia", levanta um argumento filosófico que parece marcado por sua experiência pessoal, ao dizer que é inútil tentar pegar "o punhado maior do que a mão, a braçada maior do que um braço e querer montar mais alto do que nossas pernas".

E talvez essa pouca altura seja em parte razão da insegurança de Montaigne: "Certa postura do corpo e certos gestos denotando algum orgulho vão e tolo." Ele continua a carregar "uma bengala ou bastão em minha mão visando com isso a um tipo de elegância e neles me apoiando com um ar afetado".

E em ocasiões sociais, mesmo entre seus homens, Montaigne experimenta a pressão para fazer sentir sua presença antes que se evapore:

> É uma grande amolação ouvir a pergunta quando você está entre seus empregados: "Onde está o senhor?", e receber somente a sobra do cumprimento dirigido ao seu barbeiro ou ao seu secretário. Como aconteceu com o pobre Filopêmen: tendo sido o primeiro de seu grupo a chegar a uma hospedaria onde era esperado, a dona, que não o conhecia e vendo que ele era desagradável à vista, ocupou-o em ajudar suas empregadas a pegar água e preparar um fogo para a chegada de Filopêmen. Os cavalheiros a seu serviço chegaram e o surpreenderam quando estava ocupado nesse admirável trabalho e lhe perguntaram o que fazia. "Estou", respondeu, "pagando a pena por minha feiura."

No *Diário de viagem*, o secretário de Montaigne sugere a baixa estatura de seu patrão durante uma visita, perto de Paris, ao túmulo de Ogier, o dinamarquês, cujo osso do braço era tão comprido quanto "o comprimento de todo o braço de um homem de tamanho normal nos dias de hoje, e um tanto mais comprido do que o do Seigneur de Montaigne" (o que o situa um pouco abaixo da altura média de cerca de 1,70m). Caio Mário, observa Montaigne, não recrutava soldado que medisse menos que 1,80m; e, segundo Aristóteles, "homens pequenos são bonitinhos, mas não belos". Enquanto se admite todo tipo de beleza nas mulheres, reclama Montaigne, a altura é a única beleza reconhecida num homem, a despeito das qualificações adicionais que ele acrescenta à segunda edição de seu texto (em itálico):

> Onde há dimensões pequenas, nem a largura *e o arredondado* da testa, nem o brilho *e a suavidade* dos olhos, nem a forma moderada

> do nariz, nem o tamanho pequeno das orelhas e da boca, nem a regularidade e a brancura dos dentes, nem a densidade uniforme da barba, marrom como a cor da casca da castanha, *nem o cabelo crespo*, nem uma cabeça de uma boa forma arredondada, nem uma pele lisa, nem um rosto de expressão agradável, *nem um corpo sem mau cheiro*, nem a proporção correta dos membros podem tornar um homem belo.

Ele é, no entanto, "forte e bem estruturado"; "meu rosto é cheio sem ser gordo" e ele transita com "meu rosto e meu coração abertos", sua voz "alta e enfática" e "minha cabeça erguida". Diz que "o movimento e a ação põem vida nas palavras", principalmente nos que são como ele, que "se movem com rapidez e ficam acalorados". É rápido em tirar o chapéu: "Principalmente no verão e nunca recebo um cumprimento sem respondê-lo, qualquer que seja o *status* do homem, a não ser que ele esteja a meu serviço."

Nas entrelinhas dos escritos de Montaigne, aumentando à medida que evoluem através de seu *Diário de viagem*, das várias edições de seus ensaios e de sua relação com sua gata, existe um sentido intuitivo das disciplinas que agora chamaríamos de proxêmica – a antropologia da relação entre as pessoas no espaço – e também de cinesia –, o que seus movimentos e gestos revelam. No cerne desses estudos está a ideia de que a distância física entre as pessoas está intrinsecamente ligada à sua intimidade social e emocional. É daí que se derivam expressões como "espaço pessoal" (entre 45cm e 1,20m) e "espaço íntimo" (mais próximo). Como escreveu o pai da proxêmica, Edward T. Hall, nos anos 1960: "Como a gravidade, a influência de dois corpos um sobre o outro é inversamente proporcional não apenas ao quadrado de sua distância, mas possivelmente até ao cubo da distância entre esses corpos." Ou como Walt Whitman disse com mais poesia: "Cada polegada cúbica de espaço é um milagre."

Esse sentido proxêmico é uma capacidade que fomos perdendo ou de que nos fomos tornando inconscientes a partir da Renascença. Mas é uma consciência que era uma segunda natureza para as pessoas do tempo de Montaigne, que praticamente pode ser chamada de o sexto sentido do século XVI. Historiadores da arte falam sobre a "disposição dos corpos" na arte renascentista, onde a distribuição dos corpos no espaço não se iguala a uma representação naturalista, mas frequentemente articula ligações dinásticas e diplomáticas. A dança representava uma forma de codificar essas associações, usada pela corte não simplesmente como entretenimento, mas como meio de dar forma tangível às intimidades e alianças entre governantes e sua nobreza. E a consciência de Montaigne sobre tais coisas está claramente relacionada ao seu *status* aristocrático, em que seu relacionamento com seus pares nobres e com o rei era regido por associações de clientelismo e conhecimento pessoal. A jactância de Montaigne de que Henrique de Navarra dormira em sua cama quando visitou sua casa pode soar-nos como uma afirmação levemente constrangedora, mas para Montaigne não poderia haver expressão mais clara da proximidade da *amitié* deles.

Assim Montaigne observa como não só cada país, mas cada cidade e cada profissão "tem suas próprias formas de civilidade" e descreve como as maneiras "se suavizam a partir das primeiras aproximações para a sociabilidade e amizade". De seu retiro, ele continua a lançar "olhares de soslaio" para as atrações do poder: "Um cumprimento de cabeça, uma palavra amigável de um grande homem, um olhar afável me tentam." E em seu ensaio "Da educação das crianças" diz que gostaria que "as maneiras exteriores da criança e o seu comportamento social e *sua postura pessoal* fossem formados ao mesmo tempo que sua mente". Diz que queremos conhecer nossos vizinhos não apenas em termos de seu parentesco e suas alianças – mas para "Tê-los como amigos e construir um relacionamento e um entendimento com eles". E lembra o conselho que seu pai lhe deu: "Ter consideração pelo homem que estende os braços para mim e não pelo que me vira as costas", referindo-se a pessoas e camponeses de sua região.

Ele sabe que empréstimos pedidos pessoalmente são mais difíceis de negar que os pedidos por carta e diz que entende os outros "por seu silêncio e seus sorrisos, e talvez os entenda melhor à mesa do jantar do que na sala de audiências do conselho". Discursos fáceis e vazios são reabilitados pela "gravidade, a roupa e a fortuna de quem fala". De modo similar, os filósofos não são menos afetados pelo poder da presença de outras pessoas. Cita Sócrates a respeito da descarga elétrica sentida ao tocar um braço amado:

> Com meu ombro tocando seu ombro e minha cabeça próxima da dele, quando juntos líamos um livro, subitamente senti uma pontada no ombro, se é que você me acredita, como a ferroada de um inseto; e por mais de cinco dias ela ardeu e um desejo contínuo entrou em meu coração.

"O quê!", Montaigne exclama, "Sócrates! – de todas as almas a mais contida, e ao mero toque de um ombro!" Mas, por que não, ele acrescenta: "Sócrates era um homem e não queria ser ou ser visto de outra forma."

E Montaigne continua falando sobre conhecimento, não em termos puramente abstratos, mas como uma forma de encontro. Ele diz que seu cérebro é lento e confuso, "mas o que ele percebe uma vez ele... compreende muito estreitamente" e descreve como "compreende as formas, as feições, a postura e o rosto da verdade". Diz que lugares e livros revisitados "sorriem para mim com outra novidade". E cita a comparação que Sócrates fez de si com uma parteira, ajudando outros em seu trabalho de parto intelectual:

> abrindo seus órgãos, untando seus canais, facilitando seu nascimento, avaliando a criança, batizando-a, amamentando-a, fortalecendo-a, enrolando-a e circuncidando-a, exercitando e empregando sua habilidade nos perigos e destinos de outros.

O filósofo grego Zeno, de modo semelhante, via a mão como corporificação do pensamento e comunicava,

> por gestos, sua concepção da divisão das faculdades da mente: a mão estirada e aberta significava aparência; a mão meio fechada com os dedos levemente dobrados, consentimento; o punho cerrado, compreensão; quando fechava o punho da mão esquerda mais apertado, conhecimento.

As melhores mentes, diz Montaigne, "são as que enxergam longe, abertas e prontas para abranger tudo".

E fazendo acréscimos ao ensaio "Apologia a Raymond Sebond" nos anos anteriores à sua morte, Montaigne põe o dedo no que deseja defender na concepção de Sebond sobre a fé:

> A divina majestade permitiu, portanto, até certo ponto, ser circunscrita em limites corpóreos para nosso benefício. Seus sacramentos sobrenaturais e celestiais têm os sinais de nossa condição terrena; sua adoração é expressa por meio de rituais e palavras dirigidas aos sentidos; pois é o homem que acredita e que reza... seria difícil me fazer acreditar que a visão de nossos crucifixos e das pinturas daquela triste agonia, os ornamentos e movimentos cerimoniosos de nossas igrejas, que as vozes ajustadas à devoção de nossos pensamentos e toda aquela paixão dos sentidos não aqueça as almas das pessoas com uma emoção religiosa de efeito muito benéfico.

Perguntamo-nos se a concepção bastante complexa de Montaigne sobre religião não corresponde a vê-la como uma extensão de nosso sentido proxêmico, afim à ideia sociológica de religião como "a extensão de relações sociais além do social". Para Montaigne, objetos e locais ganham, assim, uma função quase sacramental, como o caminho das pedras para uma proximidade física há muito perdida. Na biblioteca do Vaticano ele admira um volume antigo, grego, de Atos dos Apóstolos, com grandes letras de ouro aplicadas tão generosamente "que quando você passa a mão sobre elas consegue sentir a espessura... um tipo de escrita que já perdemos". A túnica de César empolgou Roma quase tanto quanto a presença dele, e até os edifícios e locais têm a capacidade de nos emocionar:

> É por natureza ou por um erro da imaginação que a visão de lugares que sabemos terem sido frequentados e habitados por pessoas cuja memória é apreciada nos emociona mais do que ouvir um relato de seus atos ou ler seus escritos?... Gosto de pensar em seus rostos, sua atitude e suas vestimentas. Rumino aqueles grandes nomes entre dentes e os faço ressoar em meus ouvidos... Quem me dera vê-los falar, andar e jantar!

E sobre sua própria morte ele diz, de modo mais comovente:

> Como ficaria satisfeito em ouvir alguém descrever as maneiras, *o rosto, a expressão, as palavras habituais* e a sina de meus ancestrais. Como ouviria com atenção! Realmente, seria sinal de uma natureza perversa desprezar tanto coisas como os retratos de nossos amigos e predecessores, *a moda de suas roupas e de suas armas. Preservo o manuscrito, o selo, o breviário e uma espada especial que eles usaram e não retirei de meu escritório umas varas compridas que meu pai normalmente carregava na mão.*

A lembrança "de um adeus, uma ação, um encanto especial" nos afeta a todos, como o simples som de um nome "quando soa em nossos ouvidos: 'Meu pobre senhor!', ou 'Meu grande amigo!', 'Ai de mim, meu querido pai!', ou 'Minha doce filha!'".

~

A consciência de Montaigne dos corpos dos outros é, portanto, muito diferente de nossa perspectiva ocidental moderna, pós-cartesiana, na qual percebemos eus distintos e mais importantes do que os corpos que habitam. Os ecos mais claros da visão de Montaigne vêm de fora da tradição ocidental, da obra do filósofo japonês Watsuji Tetsurō do século XX. Watsuji descreve a natureza do eu usando a noção de "relacionalidade"* (*betweenness*; *aidagara*): o sentido instintivo que temos de nossa relação com outros corpos no espaço. Essa linguagem de "relacionalidade" pode parecer um tanto sentimentalista, mas temos apenas que observar nossas casas e lugares de trabalho para perceber como é intrínseca a nosso sentido da vida quotidiana – como somos instintivamente conscientes da diferença entre espaço público e privado, como reservamos nosso espaço pessoal para quem amamos e para a família e como transgressões desses limites são sentidas de uma maneira que não podemos evitar perceber. E é essa "relacionalidade", segundo Watsuji, que proporciona a inevitável gravidade às relações humanas, como a da "atração" magnética que dirige a mãe para seu filho desassistido, mas, tanto quanto entre mãe e filho, e entre marido e mulher, ela também é sentida entre amigos:

> Ter vontade de ver um amigo é tender a se aproximar fisicamente dele... Portanto, é, sem dúvida, um erro considerar essa relação psicológica sem a conexão entre corpos físicos. Embora o momento psicológico possa estar contido, os corpos físicos ainda se atraem e

* Em textos em português sobre a teoria de Watsuji Tetsurō disponíveis na internet, encontra-se, além de "relacionalidade" (usada por Priscila Marchiori Dal Galla, em geografiahumanista.files.wordpress.com/.../dic3a1logo-entre-oriente-...), "entre" (usada por Christine Greiner, em books.google.com.br/books?isbn=8574194867) como tradução para *betweenness* e *aidagara*, cuja definição seria "estado ou qualidade de ser entre". (N.T.)

> são interligados. Não é somente uma relação física nem psicológica e nem a simples conjunção das duas.

E aqui, naturalmente, relembramos o pedido final de La Boétie: "Você me recusa um lugar?" Pois não importa o que possamos *pensar* sobre a amizade – em termos de seu significado espiritual ou filosófico –, sua manifestação básica é o desejo de proximidade física – um sentido de "relacionalidade". Amigos, colocando de forma simples, são pessoas com quem nos encontramos. A despeito do discurso do humanismo estoico, é um relacionamento baseado na presença e não na ausência.

No nível mais básico, portanto, *Os embaixadores* de Holbein (página 44) é um quadro sobre a amizade, já que mostra dois homens próximos um ao outro. E, se olharmos novamente a carta de Montaigne que descreve a morte de La Boétie (página 42-3), vemos que sua atitude espiritual é continuamente minada pela consciência da existência física do amigo, a consciência de seus movimentos e gestos. Ele deve jantar com La Boétie, depois insiste que este deixe Bordeaux, mas que não vá para muito longe. Ele o visita, sai e depois volta e permanece constantemente ao lado de La Boétie. Toma o pulso do amigo e então, numa tentativa de tranquilizá-lo, pede a La Boétie que tome o seu. De modo bem egoísta, enfatiza sua proximidade com o amigo, em comparação com a mulher de La Boétie, que fica a maior parte do tempo num cômodo ao lado. E, finalmente, registra o pedido de La Boétie: "Meu irmão... fique perto de mim", seguido pelas divagações delirantes sobre lhe estar sendo negado "um lugar" – uma lembrança final emocionante de que não podemos evitar ver a vida como a experiência de estar perto de outras pessoas e a morte como um último deslocamento, o roubo final de uma cadeira numa dança de cadeiras irrecuperáveis.

E, quando Montaigne volta a La Boétie em seu ensaio "Da amizade", escrito dez anos depois de sua morte, relembra não apenas a ligação filosófica entre eles, ou a natureza do caráter de La Boétie, porém, mais especificamente, o momento do primeiro encontro deles, em que se descobriram e se tornaram "tão ligados que a partir daquele momento nada podia ser mais próximo do que éramos um do outro".

Nesse sentido, a natureza especial da amizade não tem relação com o fato de que ela existe sem obrigações, mas de que a amizade necessariamente ativa e fortalece nosso sentido proxêmico: ela surge quando dois corpos que antes não se conheciam se encontram, como diz Montaigne, "Abraçados" um ao outro "por nossos nomes", procurando-se no meio da aglomeração de uma festa cívica. O ensaio de Montaigne sobre a amizade mostra, desse modo, um homem profundamente impressionado pela compostura estoica de seu amigo morto, no entanto também atraído para a amizade constituída pela proximidade física, uma força silenciosa, invisível, mas nutridora.

O que torna a consciência proxêmica de Montaigne mais premente, no entanto, é que ele a considera como um sentido que está sendo progressivamente anestesiado pela violência política e religiosa de sua época – "não uma mudança em toda a massa, mas sua dissipação e desagregação". Em tempo de guerra as identidades se tornam obscuras; amigos podem ser inimigos. Mas o corpo do outro também pode se tornar um objeto de ódio em vez de conhecimento; um objeto de um desejo pervertido e voyeurístico. Montaigne fala de pessoas que matam por matar, cortando os membros de homens e pensando em novas formas de tortura "com nenhum outro fim senão o de apreciar o agradável espetáculo de gestos e movimentos lamentáveis". Fala sobre como "a ralé se acostuma à guerra e demonstra sua bravura se manchando de sangue até os cotovelos e despedaçando corpos prostrados a seus pés". Na guerra civil essas crueldades alcançam quase uma função sacramental invertida no que a historiadora Natalie Zemon-Davies descreve como "ritos de violência", em que a anulação da consciência empática e proxêmica das pessoas é realizada pela mutilação ritual do outro, em que os inimigos são tornados irreconhecíveis e o sentimento de culpa é anestesiado e embotado.

Durante o auge da violência, Montaigne escreve que

> alguns camponeses vieram me informar, com pressa, que tinham acabado de deixar, num bosque que me pertence, um homem com cem ferimentos, ainda respirando, que lhes pediu por piedade que lhe dessem água e o ajudassem a se levantar. Eles disseram que não ousaram se aproximar dele e fugiram com medo de que os oficiais de justiça pudessem pegá-los lá...

Tal insensibilidade é, além do mais, exacerbada pelo frio estoicismo da época, em que pena ou simpatia são vistas como fraqueza e em que mesmo as relações mais próximas são alienadas e cortadas – como o impiedoso comandante realista marechal de Monluc confessa a Montaigne em seguida à morte de seu filho, repreendendo-se por sua costumeira "gravidade e dureza paternal":

> "E o pobre rapaz", disse ele, "nunca viu em mim outra coisa além de um semblante severo e desdenhoso, e levou com ele uma noção de que eu não sabia amá-lo ou estimá-lo de acordo com seus méritos. Para quem eu estava reservando a descoberta do afeto singular que tinha por ele em minha alma? Não era ele que deveria ter tido todo o prazer desse afeto e toda a gratidão? Eu me reprimi e me torturei para manter essa máscara de vaidade e, em consequência, perdi o prazer de sua conversa e, ao mesmo tempo, de sua afeição, pois ele não podia ser senão frio em relação a mim, nunca tendo recebido de mim nada a não ser severidade, nem experimentado nada além de uma atitude tirânica."

E acrescida a essa sensação de dissensão há a crescente sofisticação econômica da vida no século XVI. Montaigne escreve um ensaio sobre como "O lucro de um homem é o prejuízo de outro" e relembra um período em que, como resultado do sucesso de sua propriedade, ele entesourava seu dinheiro, um procedimento que parecia, porém, trazer-lhe apenas a sensação de seu próprio isolamento:

> Fiz segredo disso e eu, que ousava falar tão abertamente de mim, nunca falei do meu dinheiro a não ser de maneira enganadora como os outros fazem, os quais, sendo ricos, fingem ser pobres e, sendo pobres, fingem ser ricos, isentando suas consciências de dizer sinceramente o que têm: uma prudência ridícula e vergonhosa.

Como resultado, ele se viu atormentado por ansiedades, dúvidas, suspeitas – "além do mais, impossíveis de serem compartilhadas!"

O sentimento de Montaigne dessa dissensão e da crescente alienação da vida no século XVI está contido em seu ensaio "Dos coches", que ele acrescenta aos *Ensaios* em 1588. Nele Montaigne dá vazão à sua aversão por coches que, em primeiro lugar, lhe dão enjoo nas viagens, mas que também representam uma separação dos outros, econômica e proxemicamente, e, portanto, encarnam a alienação individualista e gananciosa de sua época – uma época governada por "traição, luxo, avareza", em que as pessoas são suplantadas pelas coisas. Ele vê isso exemplificado no saque ao Novo Mundo onde, "sob a tinta da amizade e da boa-fé", milhões foram "passados no fio da espada... pelo tráfico de pérolas e pimenta!"

Com essa falsidade avara, ele compara o que vê como o maior feito de qualquer civilização até então:

> a estrada que pode ser vista no Peru, construída pelos reis do país, da cidade de Quito até Cuzco (uma distância de trezentas léguas), reta, regular, com largura de vinte e cinco passos, pavimentada... Onde se depararam com montanhas e pedras, eles as cortaram e as nivelaram e encheram os buracos com pedra e calcário. Ao final de cada trecho há belos palácios, com provisões, roupas e armas, tudo para o benefício dos viajantes...

Em contraste com a traição dos conquistadores, a estrada literalmente liga pessoas, acolhendo estranhos com comida e roupa. E isso é acentuado pelo fato de que foi construída não apenas com a colaboração de dois reis, mas também com esforço conjunto da parte do povo, com pedras de três metros quadrados, usando rampas de terra em lugar de andaimes e "nenhum outro meio de transporte além da força de seus braços" – um esforço corporal conjunto que simboliza a coesão física do povo. No entanto, isso é tragicamente ineficaz contra a tecnologia superior dos espanhóis, como assinala Montaigne, voltando ao seu tópico principal:

> Voltemos aos nossos coches. Em vez deles ou de qualquer outro veículo, [os peruanos] eram carregados nos ombros de homens. O último rei do Peru, no dia em que o pegaram, era carregado assim, com varas de ouro e sentado numa cadeira de ouro no meio de seu exército. Como muitos desses carregadores da cadeira foram mortos... outros tantos os imitaram, tomando o lugar dos mortos, de tal modo que nunca conseguiam derrubar o rei, por maior que fosse o massacre feito àquelas pessoas, até que um cavaleiro agarrou seu corpo e o arrastou para o chão.

A imagem de Ataualpa derrubado, o cordão humano formado por seus homens selvagemente massacrados abaixo dele, ele próprio arrastado para o chão pela traição estrangeira de um só cavaleiro, parece representar uma espécie de nadir para Montaigne.

O que os europeus perderam, portanto, foi seu conhecimento proxêmico: a obstinação religiosa, o materialismo mercantilista e nosso amor-próprio o bloquearam de nossa visão. Mas Montaigne sugere que esse é um conhecimento que pode ser reaprendido.

Daí a frequência e o apelo emocional de temas de encontro nos escritos de Montaigne: as gêmeas siamesas no ensaio "A propósito de uma criança monstruosa", uma tentando abraçar a outra; e sua descrição da execução dos Egnatii pelo triunvirato de Roma, quando um se lançou contra a espada do outro e "se agarraram num abraço tão apertado que os carrascos cortaram as duas cabeças de um só golpe, deixando os corpos unidos". Ele escreve sobre como o casamento é revigorado pelo "prazer de se encontrar e se separar a intervalos", enchendo-o de "uma nova afeição por minha família e tornando mais doce a apreciação de minha casa". Em sua viagem pela Baviera, Montaigne descreve um monumento no desfiladeiro de Brenner, erguido para comemorar o encontro do imperador Carlos V com seu irmão, em 1530 – "procuraram-se depois de passarem oito anos sem se ver" –, com uma placa que os mostra "se abraçando".

Ele gosta de pontes: admira a de madeira de Basileia, bela e larga, sobre o rio Reno, e lamenta o fato de a nova ponte de Paris (a ponte Neuf) não ficar pronta antes de sua morte (foi terminada em 1604). E, em seu ensaio "De uma lacuna em nossa organização política", lembra a ideia de seu pai: um tipo de coluna de permuta de empregos/corações solitários, em que um senhor poderia procurar um empregado ou uma "companhia para uma viagem a Paris", ou qualquer coisa do gênero. Lamenta a morte na pobreza e no abandono dos eruditos Lilius Giraldus e Sebastian Castellio quando "mil homens os teriam acolhido em suas famílias... se tivessem tomado conhecimento".

A índole de Montaigne é, portanto, naturalmente gregária: "nascido para a sociedade e a amizade." Ele diz que o prazer não tem sabor para ele, "exceto se eu puder comunicá-lo", e cita a opinião do filósofo grego Árquitas, de que o próprio céu seria insuportável se fosse vivenciado sozinho: "Vagar entre aqueles grandes e divinos corpos celestiais sem uma companhia ao nosso lado."

E em seus ensaios Montaigne usa o privilégio da autoria para fazer um anúncio pedindo um companheiro, outro La Boétie, para repetir seu encontro original com o amigo:

> Além do benefício que extraio de escrever sobre mim, espero por esse outro, se houver algum homem digno que aprove e aprecie meu temperamento, que ele tente se encontrar comigo antes que eu morra...
>
> Se eu soubesse com certeza de um homem que combinasse comigo verdadeiramente, iria muito longe para encontrá-lo, pois acho que nunca se paga demais pela doçura de uma companhia compreensiva e harmoniosa – oh, um amigo!

– um pedido que talvez tenha sido atendido, embora possivelmente não do modo que ele antevia, na dedicação de Marie de Gournay.

Mas provavelmente o exemplo mais conhecido do interesse de Montaigne no encontro e no poder da proxêmica esteja em seu ensaio "Da arte da conversação". Aqui a fala serve não apenas como manifestação de pensamento, mas como extensão do corpo humano. Nele Montaigne celebra a discussão entusiasmada, o corpo a corpo e a disputa da provocação entre amigos. Diz que despreza a civilidade e a arte em suas conversas e prefere "uma associação e uma familiaridade fortes e viris... como o amor que morde e arranha até tirar sangue". E em " Da experiência" elabora sobre o fato de que importa não o que está sendo dito, mas como e por quê:

> Há uma voz para instruir, uma voz para adular ou para repreender. Quero que minha voz não só o alcance, mas talvez que o atinja e o penetre. Quando repreendo meu criado num tom brusco e cortante, seria adequado que ele dissesse: "Meu senhor, fale mais suavemente, eu o escuto bem..." Uma fala pertence metade ao que fala e metade ao que ouve. O último deve se preparar para recebê-la de acordo com o movimento que essa fala toma. Como com os jogadores de tênis, o que recebe se movimenta e toma posição de acordo com os movimentos do que joga e de acordo com a jogada.

E ligada a isso está a ideia de que sentimentos e emoções são necessariamente compartilhados entre nós. O que Montaigne reconhece, quatrocentos anos antes de sua descoberta por cientistas em 1996, é a existência de "neurônios-espelho" ou "neurônios de empatia", os quais disparam quando observamos outra pessoa realizar uma ação ou passar por uma experiência. Além do mais, essa pesquisa sugere que a comunicação verbal é construída em torno desse sistema de comunicação mais antigo, com base no reconhecimento de expressões faciais e gestos físicos, isto é, que a descrição de Montaigne disso como "a verdadeira linguagem da natureza humana" pode não estar longe da verdade. Montaigne diz, assim, que ele tem um "caráter macaqueador e imitativo"; "tudo que eu contemplo, eu adoto – uma expressão tola, uma careta desagradável, uma forma de falar ridícula"; "muitas vezes eu usurpo as sensações de outra pessoa." Escrevendo sobre sexo, ele confessa que "o prazer que proporciono agrada com mais doçura a minha imaginação do que o que eu sinto" e diz ainda que, do mesmo modo, a visão da dor do outro "me dói materialmente". Fala sobre o poder da poesia de transmitir emoção: a paixão que inspira o poeta "também atinge uma terceira pessoa quando ela o ouve discutir e recitar a poesia, como um ímã que não só atrai uma agulha, mas também transmite a esta o poder de atrair outras". E, no teatro, raiva, tristeza, ódio, passam de uma maneira semelhante por intermédio do poeta, do ator e da audiência: como uma cadeia de agulhas magnetizadas, "uma suspensa pela outra". E isso nos lembra do talento de Montaigne como ator mirim, sua "grande confiança de expressão e flexibilidade de voz e gesto ao me adaptar a qualquer papel".

No entanto, tal é o poder dessa capacidade imitativa que ela pode funcionar nos dois sentidos:

> Simon Thomas foi um renomado médico de seu tempo. Lembro-me de encontrá-lo um dia na casa de um velho tuberculoso e rico, e, enquanto conversava com o paciente sobre o método de tratamento, ele lhe disse que um dos meios era dar a si o prazer de minha companhia e que, fixando seus olhos no frescor do meu rosto e o pensamento na vivacidade e no vigor transbordantes de minha mocidade, e enchendo todos os seus sentidos com minha florescente juventude, sua condição poderia melhorar. Mas se esqueceu de dizer que ao mesmo tempo a minha condição poderia piorar.

A despeito da guerra civil e da dissensão de sua época, Montaigne vê os seres humanos como ainda possuidores de uma capacidade de empatia e reciprocidade; não podemos evitar ver – e experimentar

– as analogias e semelhanças entre nós e os outros, e nosso sentido de vida está intimamente ligado a essa "relacionalidade" (*betweenness, aidagara*) entre nós. O que bloqueia nosso reconhecimento desse fato, porém, não está simplesmente dentro dos outros, mas dentro de nós. No centro da obra de Montaigne, portanto, existe uma tentativa de "se afastar das qualidades vulgares que estão dentro de nós... e recobrar o domínio de nós mesmos". Aqui Montaigne tenta reinicializar o eu e apagar sua memória desordenada; reapresentar-nos a nós próprios e a partir daí a nossos semelhantes. Mas tal reconciliação é uma empreitada muito mais difícil, algo muito mais escorregadio e difícil de ser observado. Como fazemos para nos "encontrar" conosco; como nos aproximarmos de nós mesmos? A resposta de Montaigne é fazer uso de um novo ingrediente, algo muito distante da filosofia tradicional, algo extraído da propriedade dele e da terra à sua volta, algo cultivado em casa.

11

Um cachorro, um cavalo, um livro, uma taça

> Encontrando-me nessa difícil situação, perguntei-me com quantas causas e objetos insignificantes minha imaginação alimentava em mim a tristeza de perder a vida. De que átomos o peso e a dificuldade desse deslocamento para fora da vida foram construídos em minha alma; e a quantos pensamentos frívolos damos espaço num assunto tão importante. Um cachorro, um cavalo, um livro, uma taça e não sei o que mais contavam alguma coisa em minha perda.

Nos últimos anos de sua vida aumentou o sofrimento de Montaigne decorrente das pedras em seus rins. Embora exilado no que parecia ser a margem da vida, ele pensa sobre as coisas simples que se intrometem em nossa aceitação da morte. Elas parecem insignificantes, mas de algum modo chamam nossa atenção e, na verdade, quanto mais inconsequentes são, mais parecem crescer em importância: "Um cachorro, um cavalo, um livro, uma taça..."

Montaigne era um *seigneur*, um membro da *noblesse d'épée* e um cavalheiro de letras provinciano. Mas também era um *vigneron*, um fabricante de vinhos. Olhando de seu escritório, ele podia ver a geada embranquecendo as vinhas, a poda e a amarração em janeiro, o sol esquentando as uvas e o alvoroço da *vendange* em setembro. Podia ver as uvas sendo levadas para as prensas do lado oposto à sua torre e os barris sendo colocados nas carroças para serem levados até o rio e, de lá, a portos rio acima e a oeste em direção ao mar. Barris, garrafas e copos, bêbados, vinhedos e vinhas oscilam e se trançam nas linhas de seus escritos. Ele pensa sobre o sabor do vinho na Antiguidade, a estranha sobriedade dos soldados alemães bêbados e os mistérios ocultos da fermentação. Quando está viajando, sente-se livre das preocupações cotidianas, mas quando está em casa "sofre como um fabricante de vinhos".

Na região de Montaigne, a fabricação de vinhos remontava aos séculos posteriores à conquista da Gália por César. O poeta Ausônio, do século IV, relata ter visto Mosela e ter sido subitamente transportado, pela semelhança, à região em torno de sua nativa Bordeaux: os "montes verde-vivos com vinhas,/ e o agradável riacho abaixo". Depois da peste negra* e da Guerra dos Cem Anos** a economia declinou, mas no século de Montaigne se estabilizou e começou a deitar novas raízes. As cidades e aldeias aumentavam de população à medida que camponeses chegavam do Maciço Central;*** o solo despertou novamente e reviveu.

E o vinho estava no centro desse rejuvenescimento. O comércio com a Inglaterra, a Bretanha e mais tarde com a Holanda e o crescimento das populações urbanas encorajavam o plantio de novos vinhedos subindo o rio a partir de Bordeaux, onde nobres da cidade

---

* Uma epidemia de peste bubônica ocorrida em vários surtos entre 1347 e 1400. Originou-se na Ásia e varreu a Europa, onde matou cerca de um terço da população. (N.T.)

** Série de guerras travadas intermitentemente entre Inglaterra e França de 1337 a 1453; depois de vitórias iniciais, os ingleses foram derrotados e expulsos de toda a França, com exceção de Calais. (N.T.)

*** Planalto montanhoso no centro-sul da França. (N.T.)

e burgueses como os Lestonnac, Pontac e Mullet começaram a comprar terras dos camponeses com punhados de prata americana. E, à medida que consolidavam suas propriedades – como a família de Montaigne fez com tanto sucesso –, eles se voltaram para o vinho como produção principal em lugar do trigo. Os campos foram integrados, desaparecendo as pequenas propriedades. Cada vez mais os camponeses trabalhavam para grandes proprietários como meeiros, tomando empréstimos para a comida e a roupa durante o ano e depois acertando as contas com o fruto de seu trabalho.

Ali perto, os rios Dordogne, o Lot e o Garonne proporcionavam as artérias para essa recuperação, pois gabares* de casco raso avançavam em direção a Libourne, Bordeaux e portos do estuário do Gironde, e o vinho era então carregado em navios costeiros e caravelas para as longas viagens em direção ao norte. Em 1553 o professor de Montaigne, George Buchanan, voltou de uma estada infeliz em Portugal e saudou a França com um elogio em latim que parece ter sido adoçado pela fertilidade natural e mercantil que cercava Bordeaux:

> Salve, mãe nutridora das belas artes,
> Seu ar saudável e solos produtivos,
> Montes suavemente sombreados com vinhas,
> Clareiras ricas em gado, vales bem regados,
> Prados verdes ornados de flores,
> Rios sinuosos que transportam barcos a vela,
> Tanques, riachos, lagos abundantes em peixes e mar,

---

* Embarcações rústicas típicas do rio Dordogne. (N.T.)

E a oeste e ao sul, litoral com muitas enseadas
Que recebem o mundo e compartilham com ele,
Por sua vez, suas riquezas, sem sinal de ganância.

Indicadores do conjunto da região demonstram que eram exportados em média cerca de 30.000 barris de vinho por ano no final do século XVI. Os holandeses apreciavam particularmente o vinho branco, do qual grande parte era cultivada rio acima na direção de Montaigne e Bergerac. Para os compradores de Amsterdã, Bruges e Londres, era uma alternativa acessível e não poluída à água, e que também podia suavizar o estresse e as tensões da vida urbana.

Nesse contexto, Montaigne poderia ser considerado como um membro da antiga classe de proprietários senhoriais, mas também trocou o trigo pelo vinho como seu principal produto: tirava partido dos solos calcários e da drenagem natural das encostas voltadas para o sul de Montaigne; as raízes das vinhas absorviam potássio e nitrogênio, fósforo e magnésio, resultando numa bebida, segundo Colette,* "com o gosto da terra". E talvez o potencial de sua propriedade também ajude a explicar o afastamento de Montaigne de seu trabalho como magistrado; ele escreve que "continuei a prosperar além de minhas expectativas e cálculos: parece que ganho mais do que invisto".

Uma xilogravura do século XVII intitulada "Outono" (reproduzida no início deste capítulo) dá uma ideia do mundo de Montaigne,

---

* Colette (1873-1954) (Sidonie Gabrielle Claudine Colette), escritora francesa; entre seus livros estão *Chéri* (1920), *Gigi* (1944) e a série de *Claudine*. (N.T.)

nela um senhor envelhecido e sua mulher fazem uma pausa durante a *vendange* ou colheita das uvas para observar o trabalho produtivo que acontece à sua volta: a faca do senhor indica seus laços à terra e à sua gente; as maçãs na saia de sua mulher demonstram a grande generosidade da natureza; e a carroça ao fundo, carregada de barris, indica que uma reserva para a aposentadoria amadurece satisfatoriamente.

Montaigne não pode deixar de ver sua própria vida entrelaçada de maneira semelhante com os ritmos naturais e da viticultura que o rodeiam:

> É um dos principais débitos que tenho com meu destino, que o curso do meu estado físico tenha se conduzido de acordo com as estações: vi a folha, a flor e o fruto; e agora eu vejo o ressecamento...

No entanto, o mundo do *vigneron* era mais exigente do que o do produtor de trigo, mais difícil tecnicamente, requerendo administração e mão firme no leme. A aposentadoria para Montaigne não foi, portanto, tão tranquila quanto ele poderia ter desejado originalmente. Ele reclama da pobreza e do desregramento das centenas de pessoas que dependem dele e cita Horácio sobre a ladainha de desventuras do produtor de vinho:

> Ou o granizo estragava suas vinhas
> Ou a perfídia dos solos; árvores que
> Culpam as chuvas e as estrelas
> E a iniquidade do inverno.

Ele conta como "quando as vinhas se congelam na minha aldeia, o padre declara que a ira de Deus caiu sobre a raça humana". E conclui que Diógenes "respondeu de acordo com meu humor" quando lhe perguntaram que tipo de vinho preferia: "O de outro homem."

Claro que Montaigne não estava necessariamente envolvido no trabalho pesado. Um administrador era contratado para supervisionar o cuidado com as videiras: cavar em volta delas e adubá-las, podá-las para que as energias da planta fluíssem para os frutos, mas, como *seigneur*, Montaigne com certeza era o responsável por decretar o *ban de vendange*, o início da vindima, um momento de grande importância para o bem-estar econômico da comunidade, quando muitos trabalhadores tinham de ser alimentados e organizados, e tonéis e prensas precisavam ser inspecionados e consertados. E, ainda, certamente era de Montaigne a responsabilidade de negociar e vender seu vinho, por meio da nova classe de agentes oficiais ou *courtiers*, mas, inevitavelmente, também por meio de contatos familiares. Como prefeito, protegeu os vinhos de Bordeaux dos importados estrangeiros, introduzindo regras contra a prática de colocá-los nos mesmos tonéis. E parece que Montaigne fez experimentos para melhorar a qualidade de seu produto, demonstrando consciência de que o vinho "muda de sabor nas adegas de acordo com as mudanças e estações da videira da qual se origina" e reconhecendo a importância de lugares abrigados do vento para manter as videiras vivas. Quando viajava pela Alemanha e pela Itália, começa a reclamar quando o vinho "velho" acaba.

A linguagem do vinho e da produção do vinho, portanto, ocorre facilmente a Montaigne. "Do ócio", talvez o primeiro ensaio escrito por ele, comece com uma imagem de Virgílio, comparando sua mente à luz que dança no teto, refletida na água de um tonel (uma visão familiar para um produtor de vinho), e expressa a esperança de que seu afastamento pudesse tornar sua mente "mais densa e mais madura com o tempo". E, quando escreve sobre a educação das crianças, com muita facilidade ele faz a transição para a manipulação de suas videiras:

> Da mesma forma que na agricultura, os métodos que precedem o plantio, além do próprio plantio, são estabelecidos e fáceis, mas assim que o que é plantado ganha vida há grande variedade de métodos e dificuldades para cultivá-lo. Com os humanos é semelhante: há pouco esforço em plantá-los, mas, assim que nascem, várias questões nos são impostas, ficamos cheios de problemas e medos para ensiná-los e nutri-los.

Ele fala sobre abordar outro assunto em termos de tentar um tonel (*cuvée*) diferente. E, tratando de sua própria melancolia, diz que um espírito dócil precisa de reforço: "Alguns bons, firmes golpes de martelo para assentar e firmar os arcos desse barril que estão ficando frouxos e fracos nas junções e estão se desfazendo." Fala da dificuldade de extrair qualquer "suco ou substância" da leitura de Cícero e cita Sêneca sobre a agradável melancolia da lembrança dos amigos mortos: "Como o gosto amargo do vinho quando fica velho." E, em palavras que Shakespeare haveria de ecoar em Macbeth, compara o resto de sua vida com os resíduos do tonel: "Cheguei ao fundo do tonel, que está começando a ter gosto da borra."

Nessa linguagem, porém, Montaigne reflete a centralidade do vinho no início da sociedade moderna, uma bebida cotidiana que era, no entanto, abençoada com uma multiplicidade de virtudes religiosas e terapêuticas. As pessoas do campo em torno de Montaigne, portanto, "não usam nada, para qualquer tipo de indisposição, a não ser o vinho mais forte que dê para conseguir uma mistura com uma boa quantidade de açafrão e especiarias". Ele sabe, por experiência própria, que "há algumas plantas que umedecem e outras que ressecam... que carne de carneiro me alimenta e vinho me aquece". Confessa até mesmo que, devido a uma moda momentânea em matéria de comida, alimentou uma cabra apenas com vinho branco e ervas e depois a matou para ver se os poderes curativos de sua carne eram o que diziam ser. (Abandona a ideia quando descobre que a própria cabra sofria de pedras nos rins), mas as presunções de classe por trás do vinho também se revelam aqui, o mais sutilmente condimentado vinho branco sendo visto como o mais adequado à classe alta. Por outro lado, o calor vermelho-sangue do vinho tinto era considerado parte indispensável do arsenal dos soldados. Montaigne conta que soldados franceses que marchavam para o norte, em direção a Luxemburgo, passaram tanto frio que suas rações de vinho congelaram, mas eles simplesmente cortaram o vinho congelado com machado e levaram os pedaços em seus capacetes.

O vinho também é visto como um elo comum, algo que se pressupõe que as pessoas entendem e compartilham apesar de suas diferenças – uma coisa útil para presentear como cumprimento. Assim, em suas viagens, ele recebe da diaconisa de Remiremont um barril de vinho juntamente com algumas perdizes e alcachofras. O Signor Ludovico Pintesi lhe manda 12 jarras de vinho doce e figos. Em Constança, os burgomestres enviam vinho para a hospedaria onde Montaigne está hospedado, e em Augsburgo 14 grandes recipientes de vinho lhe são presenteados por "sete sargentos uniformizados e um eminente oficial da coroa".

Mas, em sua universalidade, o vinho também revela características nacionais. Os franceses evitam o fundo do barril, enquanto em Portugal a borra é digna de um príncipe. Em Florença, os moradores acrescentam neve aos seus copos para esfriar o vinho (nos outros lugares o vinho era frequentemente aquecido). Na Alemanha, preferem quantidade a qualidade e o servem em grandes jarros, e até convidam os empregados a se servirem. Lá, as taças são grandes demais; na Itália, pequenas demais. E, quando visitou Basileia, as pessoas se queixavam a Montaigne de como todos eram dissolutos e bêbados. Quanto a bebedeiras, Montaigne diz que "nunca foi convidado para nenhuma, exceto por cortesia, e nunca tentou embebedar-se".

No corpo dos *Ensaios*, o vinho proporciona a Montaigne uma ligação umbilical com os antigos por meio da qual Montaigne pode se sentar e beber com eles, de homem para homem. Ele conta que os antigos respiravam fundo enquanto bebiam e gostavam de esfriar o vinho com gelo mesmo no inverno. E a Antiguidade também tinha suas categorias e pontuações – Montaigne cita Homero a respeito da sublimidade do vinho de Chios, cujos habitantes aprenderam a arte da produção de vinho com Enopião, filho do próprio Dioniso (segundo Plínio, 121 a.C. foi um ano particularmente bom).

O vinho é, portanto, um ingrediente constante nos escritos de Montaigne. Porém, o mais revelador é quando comenta sobre suas próprias preferências em matéria de vinho, do que gosta e do que não gosta. Aí Montaigne reflete o crescimento de um mercado claramente mais moderno e comercial para o vinho, dedicado a fornecer não apenas alimento, mas também prazer e gosto. Tradicionalmente, a *expertise* na produção de vinho havia se concentrado nas comunidades monásticas, mas no decorrer da Idade

Média se desenvolveu uma cultura mais ampla de conhecimento especializado. Em *La bataille des vins* (*A batalha dos vinhos*), do poeta do século XIII Jean d'Andeli, um padre experimenta setenta vinhos para o rei, que quer saber qual é o melhor. Antes de cair bêbado, o padre excomunga certo número de vinhos ácidos do norte, bem como a cerveja, simplesmente por ser inglesa. O prêmio finalmente cabe a um vinho de Chipre, com sua força reconfortante, cara e doce. Não surpreende que o trovador do século XIII Bertrand de Born se queixasse de que a nobreza estava ficando frouxa com toda essa conversa de vinho em vez de guerra, e Dante, de modo apropriado, o imortalizou na *Divina comédia* segurando não um cálice de Chablis, mas sua própria cabeça cortada.

Mas, entre a nova classe de vinicultores em torno de Bordeaux, no século XVI, a arte da produção do vinho ascendeu a novas alturas. Eles pesquisaram novas técnicas – adubando os rizomas, plantando em fileiras, maturando em barris e instalando prensas. Nesse mercado competitivo e em expansão, o sabor era o mais valioso. Os nobres e os comerciantes da cidade não queriam beber o aguado *piquette* local – preparado com o remanescente das uvas já prensadas. Queriam algo mais luxuoso, melhor, para complementar os outros símbolos de nobreza que perseguiam ativamente. E, uma vez que rótulos e marcas ainda não estavam estabelecidos, o sabor era o único critério que determinava o preço – e vinicultores, comerciantes, marinheiros se aglomeravam em torno dos novos barris, tirando provas em seus *tastevins* (taças para provar vinho).

O comércio crescente servia como encorajamento para essa contínua sofisticação. Em 1562, o comerciante londrino Henry Machyn registrou as comemorações do batizado da filha de William Harvey na paróquia de Santa Brígida, observando – e o luxo das comemorações parecia valer a pena relatar – a rica escolha de vinhos oferecidos:

> E houve um grande banquete como eu nunca tinha visto, e um brinde com hipocraz (vinho com especiarias), vinho francês, vinho da Gasconha e vinho do Reno em grande abundância, e todos os empregados tiveram um banquete no saguão com diversos pratos.

E, em 1586, William Harrison descreveu como os consumidores contemporâneos desfrutavam de escolha ainda mais ampla:

> como clarete, branco, tinto, francês, etc., que chegam a cerca de 56 tipos... mas também dos 30 tipos de italianos, gregos, espanhóis, das Canárias, etc., entre os quais vernage, cut, piment, raspis, moscatel, rumeny, bastard, tyre, osey, caprike, clary e malmsey... de modo que, quanto mais forte o vinho for, mais é desejado.

Entre outros vinhos importados estavam safras de Alicante, Borgonha, Nantes, Oleron e Rochelle, bem como recém-chegados do leste do Mediterrâneo, como moscatel e sack. Diante de tal competição, o sabor de uma safra poderia significar a diferença entre lucro e prejuízo. Foram escritos guias sobre a ciência revivida da vinicultura, como *Vinetum,* de Henri Estienne (1536). E, em 1601, Nicolas-Abraham de La Framboisière aconselhava:

> Para julgar a qualidade e a excelência do vinho é necessário investigar cuidadosamente a origem e a constituição de cada um e prová-los todos os anos para dar uma opinião confiável a respeito. Em certos anos, os vinhos da Borgonha levam o prêmio; em outros, os de Orleans superam; os de Anjou nunca são melhores do que todos os outros; e, mais frequentemente, os de Ay garantem o primeiro lugar em excelência e perfeição.

Em *Dom Quixote*, essa nova sensibilidade ao sabor é satirizada quando Sancho Pança se gaba de ser capaz de dizer que sobre determinado vinho ele sabe "seu país, seu tipo, seu sabor e solidez, as mudanças que sofrerá" somente pelo cheiro, um talento que devia a um de seus ancestrais, que, ao cheirar e provar um vinho, descreveu-o como tendo sabor de couro com um toque de ferro e, quando o barril foi virado, descobriu uma chave com uma tira de couro.

Questões de qualidade e sabor, portanto, tinham papel cada vez mais importante no mercado de vinho do final do século XVI. Mas também parece provável que Montaigne tenha sido abençoado com um paladar muito sensível, o que sugere que era o que hoje seria chamado de um "superprovador", isto é, estaria entre os 25%

da população capazes de sentir os gostos mais intensamente e de detectar sabores imperceptíveis para as outras pessoas. Com um tom estoico, ele se distancia ostensivamente dessa sensibilidade – "Deveríamos açoitar o jovem que se diverte escolhendo os sabores de vinhos e de molhos" – no entanto, prossegue dizendo que, em sua velhice, é exatamente o que ele faz: "Neste momento estou aprendendo. Estou muito envergonhado, mas o que posso fazer? Estou ainda mais envergonhado e aborrecido com as circunstâncias que me levam a isso."

Montaigne até cunha a expressão "science de gueule" (ciência da goela) e conta como o cozinheiro do cardeal Caraffa falou da arte da gastronomia "com gravidade e ar professoral", como se estivesse discursando sobre "o governo de um império". E esse foi o começo da grande era da culinária francesa, que atingiu seu apogeu no século XVII, quando o famoso *chef* Vatel cometeu suicídio na véspera de um banquete para o rei ao perceber que não tinha peixes suficientes.

O paladar de Montaigne também é acompanhado de um olfato muito aguçado (como sabemos, o paladar depende muito da membrana olfativa do nosso nariz). Ele escreve um ensaio "Dos cheiros", em que diz que "gosto muito de estar rodeado de cheiros agradáveis e odeio os maus cheiros além da medida e os detecto mais longe do que qualquer outra pessoa". Descreve seu nariz como "uma maravilha" de tão sensível que é. Descreve a doçura do hálito de uma criança saudável e como o cheiro de sua mão enluvada permanece com ele o dia inteiro. Sua afeição por Veneza e Paris é prejudicada pelo fedor de seus pântanos lamacentos e prefere os fogões da Áustria às lareiras enfumaçadas de casa. O melhor cheiro para um homem ou para uma mulher – diz – é o cheiro de nada.

A sensibilidade de paladar e de olfato de Montaigne é particularmente visível no *Diário de viagem*, que se torna um verdadeiro *Parker's Wine Buyer's Guide** (*Guia de Parker do comprador de vinhos*) do século XVI, pois ele cheira e prova, enxágua a boca e cospe os produtos dos vinicultores de outras regiões. Em Plombières, tanto o vinho quanto o pão são ruins. Em Schongau, servem apenas vinho novo, geralmente logo depois de produzido. Em Augsburgo, "os vinhos são bons... e, mais frequentemente, brancos", como os vinhos de Sterzing. Em Vicenza, em novembro, os vinhos velhos que Montaigne trouxe com ele já começam a não prestar, portanto:

> Lamentamos deixar os da Alemanha, embora sejam, em sua maioria, aromáticos e tenham vários aromas que eles acham deliciosos, especialmente o de sálvia, que chamam de vinho de sálvia, não é ruim quando se acostuma; quanto ao resto, o vinho deles é bom e abundante.

Os vinhos de Basileia "são tão leves que nossos cavalheiros os acharam ainda mais fracos do que os da Gasconha quando estes estão muito batizados (misturados com água); no entanto, mesmo assim, são muito delicados". Em Florença, ele considera os vinhos "impossíveis de se beber... para os que detestam uma doçura insípida", mas, em Bagni di Lucca, um companheiro de banhos, frade franciscano, lhe envia alguns "vinhos muito bons" e marzipan, e Montaigne observa como a economia vinícola local funciona:

---

* Guia escrito por Robert M. Parker Jr. (1947-), importante crítico de vinhos americano com influência internacional. (N.T.)

> Todos os dias veem-se serem trazidas para cá, de todas as partes, diferentes amostras de vinhos em garrafas pequenas, de modo que os visitantes que as apreciarem possam fazer encomendas. No entanto, há muito poucos vinhos bons. Os vinhos brancos são leves, mas amargos e toscos... a não ser que se mande vir de Lucca ou de Prescia um trebbiano branco, forte e maduro, embora não muito delicado apesar de tudo.

Mais tarde o trebbiano, com seu sabor "doce, inebriante", lhe causa uma enxaqueca.

Montaigne também mostra um interesse profissional pelas técnicas locais de produção de vinho. Em Massa di Carrara ele é "obrigado" a beber vinhos novos que, observa, são clarificados "com certa espécie de madeira e claras de ovo"; não lhes falta a cor dos vinhos velhos, mas têm "um gosto indefinível, que não é natural". Ele se mete nos vinhedos, observando o começo da colheita em Lucca e como o cardeal, em Urbino, enxertou suas vinhas. Ele vê o sátiro esculpido no vinhedo do cardeal Sforza e compara, com os de Bordeaux, os vinhedos de Roma, "que são jardins e locais prazerosos de uma beleza especial, onde vi como a arte pode se utilizar de um lugar acidentado, montanhoso e irregular; pois aqui eles obtêm encantos que não podem ser igualados em nossos terrenos planos".

No entanto, talvez o mais importante na relação de Montaigne com o vinho seja a maneira como este entra em sua corrente sanguínea, conferindo-lhe um novo modo de pensar sobre todo o processo de "ensaiar" e, em última análise, de pensar sobre a própria vida, pois o que Montaigne quer dizer com *ensaios*? A maioria dos comentaristas traduz a palavra como "experiências", "testes" ou "tentativas", com ênfase numa capacidade intelectual ligeiramente diminuída, o que estaria de acordo com nossa preocupação moderna com o elemento cético em Montaigne, mas, para os contemporâneos de Montaigne, *essais* ("ensaios") poderiam significar simplesmente "provas" ou "degustações". Se olharmos para a história da palavra "essay" ("ensaio") ou "assay" (forma arcaica que o francês compartilha com o inglês), ela está muito claramente ligada à comida e ao vinho. Uma receita medieval inglesa para o vinho com especiarias hipocraz instrui o leitor a acrescentar os ingredientes e depois "take a pece, and assay it; and yet hit be enythying to stronge of ginger, alay it with synamon" ("pegar um pouco e prová-lo; e, se estiver com muito gengibre, amenizar com canela"). O cronista francês do século XV Olivier de La Marche escreve extensamente sobre a etiqueta completa do "assay" ("prova") do vinho de um lorde numa casa nobre: como o copeiro "leva a taça ao príncipe e coloca nela um pouco de vinho, depois retoma a taça e faz seu 'assay' ('prova', 'ensaio')". (Montaigne de fato lera as *Memórias* de La Marche e muito possivelmente teve nelas a inspiração para seu título.) E, em seu dicionário francês-inglês de 1611, Randle Cotgrave assim define a palavra francesa *essay*: "Prova, teste, experimento; oferta, tentativa; prova ou toque em uma coisa para conhecê-la; também a prova feita em carne ou bebida de um príncipe" – um uso que está representado em "A agonia" de George Herbert:

Quem não conhece o amor, deixe que ele prove ("assay")
E sinta o gosto daquele sumo que, na cruz, uma lança

> Fez entornar novamente; então deixe que ele diga
> Se alguma vez provou algo parecido.
> O amor é aquele licor doce e divino
> Que meu Deus sente como sangue; mas eu, como vinho.

O que também é interessante é que esse procedimento de teste ou prova ("essaying" ou "assaying" ou "tasting") – frequentemente para verificar se o vinho não tinha sido adulterado – era uma das responsabilidades do senhor local. Em 1559, os direitos do conde de Pembrook incluíam: "a padronização e a prova do pão, vinho, cerveja e outros suprimentos; a verificação dos pesos e medidas e o ajuste e a sua correção". O sabor tinha que ser padronizado de alguma forma e, na ausência de padrões objetivos de medida, o modo óbvio de fazê-lo era seguir a hierarquia do poder político e deixá-lo a cargo do discernimento do senhor local.

O que parece ter ocorrido é que, depois de Montaigne (e obviamente em grande parte por causa dele), a palavra "ensaio" ("essay") ganhou um sentido muito mais racional e intelectual e se tornou sinônimo de "capítulos" ou dissertações curtas em prosa. Montaigne, no entanto, nunca se referiu a seus capítulos como "ensaios" e inicialmente intitulou seu livro *Essais de Messire Michel de Montaigne* (isto é, não *Os ensaios*). Também é interessante é que isso aumenta a reflexividade do título, dando-lhe o sentido duplo de "Provas de sabor *por* Michel de Montaigne" e "Provas de sabor *de* Michel de Montaigne" – isto é, nossas provas do sabor dele. E isso nos lembra a dedicatória de Montaigne "Ao leitor", em que ele descreve seu livro como um meio de "alimentar" a sua memória na família e nos amigos.

Para Montaigne as associações ao paladar em seus *Ensaios* são claras. Ele fala sobre sua filosofia de trabalho: "Vivi tempo bastante para fazer um relato da prática que me guiou desse modo. Para quem quiser prová-lo, eu o testei (*j'en ay faict l'essay*) como seu copeiro." Desse modo, talvez possamos ver que Montaigne enxergava seu projeto menos como um "teste" cético e mais como uma "prova" ou amostra de diferentes assuntos. E, como tal, é um processo que nunca chega simplesmente a conclusões, mas que amadurece questões. Na folha de rosto do exemplar de Bordeaux, Montaigne rabisca: *Viresque acquirit eundo* – "Ganha força à medida que segue adiante" – claramente uma referência à crescente confiança de Montaigne em sua obra, mas também um pensamento familiar proveniente de seu gosto pelo vinho "velho" que cresce em maturidade e força.

Outra palavra ligada a vinho a que Montaigne recorre muito é a mais comum para sabor, gosto, "goust" (grafia antiga da moderna palavra francesa *goût*). No exemplar de Bordeaux, Montaigne usa "goust" e o verbo relacionado (*gouster, gousté*, etc.) em 106 ocasiões, número que chama a atenção. Além disso, se nós somarmos a esse número a quantidade de vezes que Montaigne usa a palavra em edições anteriores e a risca e a substitui por outras – tais como "apetite" ou "sentimento" –, talvez se dando conta do uso excessivo dela –, o número de casos sobe para 146. Como os ensaios de Montaigne têm um total de cerca de 430.000 palavras, isso dá uma frequência de cerca de uma vez a cada 3.000 palavras. Se examinarmos o *Diário de viagem* de Montaigne, novamente acharemos uma notável proliferação de "goust": 36 vezes em francês e sete vezes em italiano (incluindo *gustevoli* – gostoso); portanto, 43 vezes numa obra de 113.000 palavras (uma a cada 2.600).

A título de comparação, a edição final dos *Ensaios* de Francis Bacon de 1625 usa "gosto" apenas duas vezes. E em lugar nenhum Bacon usa sinônimos comparáveis como "aroma" ou "sabor". Os ensaios de Bacon têm um oitavo da extensão dos de Montaigne (53.000 palavras). Isso significa que ele apenas a usa uma vez a cada 26.500 palavras. Claro que esses números são apenas aproximados, mas a questão é que, embora um ensaísta comparável como Bacon use a palavra "gosto", Montaigne a usa muito mais frequentemente – até dez vezes mais – do que qualquer outro.

O ato de provar, portanto, aparece muito no vocabulário do *vigneron* Montaigne e, consequentemente, está muito presente em sua mente. Durante suas visitas aos banhos de águas minerais da Europa, ele estende suas faculdades enológicas à água local. Em Baden, ele a acha "um pouco fraca e insípida, como se tivesse sido retirada e reposta muitas vezes". Em Pisa, sente-a "apenas um pouco picante na língua". Em Battaglia, a água tem "um leve cheiro de enxofre, um pouco de salinidade". Mas, em Plombières, usa todos os recursos:

> Há apenas duas fontes das quais se pode beber. A que brota das encostas a leste e forma o banho, que se chama O Banho da Rainha, deixa uma espécie de gosto doce como alcaçuz, sem qualquer resíduo. Mas parecia ao Seigneur de Montaigne que, prestando-se uma atenção especial, seria possível detectar certo gosto de ferro. A outra fonte, que brota do pé da montanha oposta, da qual o Seigneur de Montaigne bebeu só um dia, tem um pouco mais de amargor e pode-se discernir o sabor de alúmen.

Em Roma, ele até se torna químico forense, ao lhe ser dado "um certo tipo de bebida que tinha exatamente o gosto e a cor do leite de amêndoas"; e segue adiante detectando "*quatre-semences-froides* nela" (isto é, as quatro sementes frias, de pepino, cabaça, melão e abóbora). O paladar de vinicultor de Montaigne se estende desse modo ao mundo mais amplo, à água e também obviamente à comida, em relação à qual ele é muito exigente.

Nos *Ensaios* vemos essa aptidão se manifestar numa preocupação continuada com gosto. Ele fala sobre como as classes mais altas passam seu tempo à mesa "conversando sobre a beleza de uma tapeçaria ou o gosto do malmsey" (um vinho Madeira). Conta que os nativos da América do Sul tomam uma bebida "feita de uma raiz e que tem a mesma cor de nossos vinhos claretes... Essa bebida se mantém apenas por dois ou três dias; tem um gosto levemente doce". Diz que é mais fácil nos convencermos de que uma chicotada provoca cócegas do que acreditarmos que uma poção de babosa – um laxativo forte – tem gosto de vinho de Bordeaux.

Entretanto, a ideia de gosto se torna essencial ao desenvolvimento dos ensaios de Montaigne no sentido de que representam a extensão do paladar de Montaigne para além do vinho, numa esfera mais abstrata, metafórica e filosófica, mas que ao final o traz de volta ao corpo humano. Em primeiro lugar, vemos a extensão natural do gosto como sinônimo de disposição, como em "isso depende do gosto particular: o meu não se adapta à administração da casa". Ele também não acha que possua "o gosto para aquela grande dedicação de afeição e serviço" que a vida pública requer, mas é por isso que

Montaigne se mostra cada vez mais alerta às variedades da experiência humana. Ao escrever sobre peixes, diz que "os grandes têm pretensões a saber como prepará-los; na verdade, seu sabor é muito melhor do que o da carne, pelo menos para mim". E aqui a lição importante de Montaigne é que todos nós temos nossa opinião *particular* sobre o mundo –, citando Horácio sobre os dilemas de receber convidados:

> *Tres mihi convivae propre dissentire videntur,*
> *Poscentes vario multum diversa palato.*

> Três convidados eu tenho divergido em minha festa
> Cada um precisando para gratificar seu paladar
> De comida diferente

Mas a consciência desse fato deveria, para Montaigne, ser estendida à política e (por consequência) à religião. Varro calculava que a busca do bem supremo deu origem a 288 seitas. "Nós discutimos porque uma pessoa discorda da outra quanto ao que ouve, vê ou prova... uma criança sente de modo diferente de um homem de trinta, e este, de modo diferente de um sexagenário." Já em 1564, cerca de seis anos antes de começar a trabalhar nos *Ensaios*, Montaigne anota, nas guardas de sua edição de Lucrécio, passagens referentes ao gosto: *Quomodo fiat gustus* (Como acontece o paladar); *Voluptas gustus tantum est in palato* (O prazer do gosto está somente no paladar). Enquanto, em outro lugar, Lucrécio insiste em que não há nenhum novo prazer (*voluptas*) a ser ganho por se viver mais longamente, e, quanto a isso, Montaigne, que em breve assumiria os negócios da vinicultura de seu pai, parece estar abrindo caminho para a noção de que há.

A ideia de "gosto", portanto, permite a Montaigne explicar como tomamos conhecimento do mundo, mas, como em nossas preferências em relação a vinhos, essa ideia também explica como cada um de nós difere dos outros. Pensamos ter conhecimento abrangente sobre alguma coisa, mas temos apenas um gosto. Ele fala sobre sua educação, que "apenas provou a crosta exterior das ciências na infância e reteve somente uma vaga noção geral delas; um pouco de tudo e nada em profundidade". Tudo isso se dirige à satisfação de seu desejo de explorar o que poderíamos chamar de lado mais subjetivo ou relativista das questões humanas – o fato de que as crianças podem não gostar do que gostamos, de que as atitudes das pessoas em relação à morte mudam com a época e a companhia; o fato de que podemos ter ideias discordantes sobre religião. E essa capacidade de Montaigne então se estende para fora, ampliando onivoramente seu paladar para o mundo ao seu redor. Ele enxerga as viagens como um meio de "provar uma perpétua variedade das formas de nossa natureza". Diz que nunca "provou" nenhum trabalho tedioso e descreve os pedantes como pessoas que tratam o aprendizado como pássaros que recolhem grãos, mas que os carregam no bico para sua prole sem prová-los. Ao discorrer sobre taças de vinho, diz: "Não gosto dos metais quando comparados a um material claro e transparente. Que meus olhos também provem segundo sua capacidade."

Mas o que também é significativo no contexto da experiência de Montaigne como *vigneron* é que o final do século XVI enfrentou, no período entre 1570-1630, o que tem sido descrito como uma

"Era do Gelo em miniatura". Isso resultou numa série de colheitas terríveis, particularmente observadas na ocasião em que Montaigne assume a propriedade: a colheita ruim de 1572 sendo seguida pelas fortes chuvas de 1573. O primeiro ensaio escrito por Montaigne – "Do ócio" – pode, portanto, ser visto não apenas como uma descrição espiritual – a reflexão sobre a morte do melhor amigo, do pai e da primogênita –, mas como uma descrição literal em que avalia os fracassos da agricultura à sua volta:

> Do mesmo modo como vemos a terra ociosa, se é rica e fértil, ficar tomada por mil tipos de ervas daninhas agrestes e inúteis e, para fazê-la produzir, temos que semeá-la com certas espécies de sementes... assim é com a mente.

Mas, nos anos posteriores a 1574 – isto é, nos anos em que Montaigne parece se afastar de sua melancolia estoica –, o tempo e a colheita de uvas melhoram (e vinhas recém-plantadas levam cinco anos para dar um rendimento integral, de qualquer modo). Assim, num dos primeiros ensaios, "O gosto (*goust*) do bem e do mal depende da opinião que temos sobre eles", Montaigne amplia a ideia de Sêneca de que "tudo depende de opinião", ao acrescentar a noção de gosto à equação; ele declara novamente essa ideia com mais força num ensaio posterior: "Não provamos (*goustons*) nada puro" (1578-1580). E no ensaio "Da prática" (1573-1574), que parte da ideia de que precisamos do estoicismo porque não podemos ensaiar a morte, no entanto, começa por falar dos antigos que tentaram, ao morrer, "prová-la e saboreá-la". Embora não possamos, portanto, experimentar a morte, podemos, porém, tentar "prová-la" (*et de l'essayer*).

Desse modo, mesmo quando começa tentando demonstrar uma ideia estoica, Montaigne se torna agudamente consciente do papel do corpo e da sua capacidade sensitiva.

Mas é importante perceber que Montaigne não utiliza essa linguagem simplesmente para dizer o que pensa; ao dizer essas coisas, ele descobre o que pensa e o que não pensa. E, como que para confirmar isso, nas alterações que faz de seu uso da palavra *goust*, ao apagá-la e substituí-la, muitas vezes apaga um uso que nos poderia parecer estranho, como o uso de "gosto" para uma situação abstrata (o acréscimo está em itálico):

> Mas de quão pouco depende nossa coragem ao morrer. A diferença e a distância de algumas horas, a mera consideração de ter companhia, tornam ~~nosso gosto~~ *nossa percepção* dela ~~completamente~~ diferente.

Diferentemente dos estoicos, que podiam viver com uma azeitona por dia, Montaigne começa a explorar a variedade da experiência humana, sua inconstância, sua imprecisão, mas também sua riqueza. Também interessantes são os lugares onde Montaigne simplesmente apaga a palavra. Na "Apologia" ele escreve que:

> As coisas não se abrigam dentro de nós em sua forma e essência... porque, se fosse este o caso, nós as receberíamos da mesma forma: o ~~gosto do~~ vinho seria o mesmo na boca de um doente que na boca de um homem saudável.

Montaigne apaga "o gosto de" para deixar "o vinho seria o mesmo na boca" – uma declaração bastante simples mesmo em nossa época, cética e relativista, mas o que fica claro é que o interesse de Montaigne em "gosto" está preparando o caminho para tal ênfase no aspecto subjetivo, mesmo quando ele depois decide descartá-lo.

O que estamos vendo na realidade é a *primeira impressão* dos ensaios de Montaigne, nos quais a linguagem flui livremente de sua pena. Isso lhe permite – numa mudança de grande importância na história do pensamento ocidental – voltar a linguagem para si mesmo, em termos de toda a sua experiência de vida:

> Outros experimentam a doçura do contentamento e da prosperidade. Eu a sinto tão bem quanto eles, mas não à medida que ela passa e se vai. Deve-se estudá-la, prová-la e ponderar a respeito para agradecer a ele que no-la concede.

> Todos olham para a sua frente; quanto a mim, olho para dentro de mim, não me interesso senão por mim, eu me considero continuamente: eu me provo.

A "autodescoberta" de Montaigne e sua rejeição do estoicismo usam a linguagem que lhe vem instintivamente como vinicultor. Então, retrospectivamente, ele poda e amarra a linguagem de seus ensaios, enxertando nela um registro mais intelectual. Mas seus primeiros frutos são uma florada espontânea.

Em consequência, não é nossa atitude em relação à morte que se torna a questão decisiva para Montaigne, mas nossa capacidade de *provar* a vida – na realidade, de devorá-la. O que vê num cavalo, num livro, numa taça? Ele nega que seja uma ligação emocional e alguns podem achar suas palavras um tanto frias – e quanto à sua mulher e à sua filha? Mas, como ele esclarece, a tristeza que envolve tais perdas é fácil de explicar. Se vamos especular, podemos falar que ele diz que, em sua perda potencial, é a *experiência* deles, sua consciência deles, o modo como têm certo sabor sensorial ou intelectual – ou, como ele diria, certo "*je ne sais quoi*" – que "alimenta" nele o medo de perdê-los. E isso fica mais evidente quanto menos emocionalmente complexas as coisas são – um cachorro, um livro, uma taça, pois, ao deixá-los, não estará percebendo a si mesmo, como no estoicismo, mas perdendo algo muito mais precioso – o sabor da vida –, algo que não nos separa do mundo, mas nos aproxima dele.

12

Da experiência

> Quando eu danço, danço; quando eu durmo, durmo; e quando eu estou andando sozinho num belo pomar, se meus pensamentos às vezes estão em outro lugar, na maior parte do tempo os trago de volta ao passeio, ao pomar, à doçura dessa solidão e a mim.

Num de seus últimos ensaios, no final da vida, Montaigne descreve como, em 1586, "mil tipos diferentes de males desceram sobre mim, um atrás do outro". As guerras religiosas chegaram à sua porta, e uma cidade próxima, Castillon, foi cercada pelas forças da Liga Católica. Milhares de soldados invadiram a região, trazendo consigo a anarquia e o saque: "Ela vem para resolver a rebelião, e está repleta disso; castigaria a desobediência e dá exemplo disso... Em que situação nos encontramos!" As casas de todos os seus aldeões foram saqueadas, e a recuperação que a agricultura teve no século anterior foi perdida:

> Os vivos sofreram, da mesma forma que os que não haviam ainda nascido. Foram pilhados e eu também, como consequência, até da esperança, foi-lhes arrancado tudo o que tinham para prover sua sobrevivência por muitos anos.

Os campos que haviam proporcionado emprego para uma centena de homens "ficaram ociosos por muito tempo".

E, em meio a esse desastre, Montaigne viu sua própria moderação objeto de suspeita: "A localização de minha casa e o conhecimento dos meus vizinhos me apresentavam com um rosto; minha vida e minhas ações, com outro." Como golpe final, uma peste "da maior gravidade" irrompeu dentro da cidade sitiada, espalhando-se morro acima até Montaigne, fazendo com que ele e sua família tivessem que fugir de sua casa ancestral, deixando-a "à mercê de qualquer um que a cobiçasse". Durante seis meses, conta, ele serviu de guia para a caravana, sem teto e lastimável, de sua família. Apesar do sofrimento da família, Montaigne diz que era a situação difícil das pessoas comuns o que mais o entristecia. Dos aldeões sob sua responsabilidade, "nem uma centésima parte pôde se salvar":

> As uvas ficavam penduradas nas videiras, a principal riqueza dessa região, todos se preparando com indiferença e esperando pela morte naquela noite ou no dia seguinte... Vi os que tinham medo de ser deixados para trás, como numa terrível solidão, e observei que, em geral, não tinham outra preocupação a não ser com seu enterro. Angustiava-os ver os corpos espalhados pelos campos à mercê dos animais que os infestavam... Alguns, saudáveis, já cavavam suas próprias covas; outros se deitavam nelas ainda vivos. E um dos meus trabalhadores puxou a terra por cima de si com as mãos e os pés quando estava morrendo. Isso não era o mesmo que se cobrir para poder dormir mais tranquilamente?

No entanto, Montaigne extrai lições desse terrível pesadelo. Mas não nos termos das diretrizes estoicas dos antigos, pois percebe que as pessoas à sua volta nada ganham ao se preocupar e antecipar a morte: "Se você não sabe como morrer, não deve se preocupar; a natureza o informará sobre o que fazer na ocasião, clara e adequadamente... não perturbe a sua cabeça com isso." Embora ele possa ter pensado, como Cícero, que "toda a vida de um filósofo é uma meditação sobre a morte", Montaigne agora muda a melodia: "A vida deve ser um objetivo em si, um propósito em si"; "A morte é, na verdade, o fim, mas não o objetivo da vida; é seu fim, seu limite, mas não seu objeto." Os estoicos, declara por fim, são "a seita mais ranzinza".

Voltando as costas ao objetivo da *apatheia*, condena a irresponsabilidade política dos que "se endurecem para ver, firmes e imperturbáveis, a ruína de seu país". De si mesmo, diz: "Não aprovo essa insensibilidade, que não é possível nem desejável. Não gosto de ficar doente, mas, se estou, quero saber que estou... Quero senti-lo." Ele considera tais sensações como parte da eterna inconstância da própria vida:

> O mundo não é senão um eterno movimento. Todas as coisas estão em constante movimento – a terra, as pedras do Cáucaso, as pirâmides do Egito –, um movimento comum e outro próprio. A própria constância não é nada mais do que um movimento lânguido... Eu não retrato a existência, retrato a transitoriedade...

Mas, ao fechar o exíguo manual do estoicismo, Montaigne abre o grande volume da vida. Declara em seus últimos ensaios que "viver contente, não... morrer contente é a origem do contentamento humano". E, como não há "ganchos no céu" em que pendurar essa moralidade, também não há um abismo abaixo: "Quando eu danço, danço; quando eu durmo, durmo." Montaigne talvez seja o primeiro escritor na história da humanidade a colocar a mão na consciência humana, embora não, como Descartes, numa tentativa de adquirir certeza, mas numa tentativa de justificar a vida em seus próprios termos. Pensar pode permitir nos separarmos – "meus pensamentos às vezes estão em outro lugar" –, mas é tarefa da filosofia "trazê-los de volta" ao humano, para desacelerar nossa caminhada através do pomar da vida e manter em nossas bocas, tanto quanto possível, a "doçura" e a "beleza" de viver.

Montaigne morreu em casa em 13 de setembro de 1592. Passou seus anos finais sofrendo, com a saúde cada vez pior, mas emendou seus ensaios até o fim. Em ocasião anterior escrevera: "Segui uma estrada ao longo da qual, sem cessar e sem trabalho árduo, continuarei enquanto houver tinta e papel no mundo" – e a essa empreitada continuou fiel.

Ele também chegou a ser avô. Em 27 de maio de 1590, sua filha Léonor se casou no castelo com François de la Tour, de 30 anos. Depois de permanecer no castelo por um mês, eles partiram para uma nova casa em Saintonge. E, em 31 de março de 1591, ela deu à luz uma filha, batizada como Françoise em homenagem à sua mãe.

Montaigne parecia encarar a morte com tranquilidade natural, não forçada, escrevendo em seus acréscimos finais aos *Ensaios* sobre "dobrar meus pertences e arrumar minhas malas". Seu amigo Estienne Pasquier descreveu suas horas finais:

> Ele morreu em sua casa de Montaigne, onde um abscesso atacou sua língua de tal modo que ficou três dias inteiros totalmente lúcido, mas incapaz de falar. Em consequência, era obrigado a recorrer

> à sua pena para fazer conhecer seus desejos. E, quando sentiu seu fim chegar, escreveu uma nota pedindo à mulher que chamasse alguns cavalheiros seus vizinhos para se despedir deles. Quando chegaram, fez rezar uma missa em seu quarto; e, quando o padre chegou à elevação do Corpus Domini, esse pobre cavalheiro se levantou o quanto pôde em sua cama, num esforço desesperado, mãos apertadas; e nessa última ação entregou o espírito a Deus. O que foi um bom espelho de sua alma.

Seu coração foi enterrado na igreja local de St. Michel-de-Montaigne, e seu corpo, sepultado num túmulo na Eglise des Feuillants, em Bordeaux, mas um historiador local acrescentou um memorial final talvez mais adequado, se verdadeiro:

> O falecido Montaigne, autor dos *Ensaios*, sentindo o fim de seus dias se aproximar, saiu da cama de camisola; pegando o roupão, abriu seu escritório, mandou chamar todos os seus criados particulares e os outros legatários, e lhes pagou as heranças que lhes havia deixado em testamento, prevendo as dificuldades que seus herdeiros criariam para pagá-las.

A reputação de Montaigne cresceu rapidamente nos anos seguintes. Antes de sua morte, foi visitado por Anthony Bacon, cujo irmão mais novo Francis imitou Montaigne em seus próprios *Ensaios* de 1597. Os *Ensaios* de Montaigne foram traduzidos para o italiano em 1590, para o inglês em 1603, para o holandês em 1692 e para o alemão em 1753; e, mais tarde, para muitas outras línguas, incluindo chinês, japonês, russo, árabe e grego. Leitores e escritores desde então têm considerado Montaigne o mais fascinante e agradável de todos os autores: Orson Welles o descreveu como "o maior escritor de todos os tempos e de todos os lugares".

Talvez o leitor que teve mais empatia com Montaigne tenha sido Shakespeare, que cita, quase literalmente, a partir da tradução de 1603 de John Florio, a descrição de Montaigne da "era de ouro", em "Dos canibais", no discurso de Gonzalo em *A tempestade*:

É uma nação, eu responderia a Platão,
Que não tem nenhum tipo de comércio,
Nenhum conhecimento de letras,
Nenhuma informação sobre números,
Nenhum nome de magistrado, nem de superioridades políticas;
Nenhum uso de serviços, de riquezas ou de pobreza;
Nenhum contrato, sucessão, partilha,
Nenhuma ocupação senão o ócio...
E se eu fosse rei lá, o que faria?

Florio, 1603

Na comunidade eu iria de modo contrário
Executar todas as coisas; pois nenhum tipo de comércio
Eu admitiria; nenhum nome de magistrado;
As letras não seriam conhecidas; riquezas, pobreza,
E uso de serviço, nenhum; contrato, sucessão,
Propriedade, limite de terra, cultivo, vinhedo, nenhum;
Nenhum uso de metal, milho, ou vinho, ou óleo;
Nenhuma ocupação, todos os homens ociosos, todos...

A tempestade (II, i, 148-155)

A influência aqui parece irrefutável; no entanto, toda a profundidade da dívida de Shakespeare para com Montaigne é mais difícil de discernir. Alguns consideram *A tempestade* como a ponta do *iceberg* da influência montaigniana. E poderíamos enxergar o conjunto da trajetória trágica de Shakespeare como uma ilustração da insistência de Montaigne nas limitações paradoxais da razão humana – isto é, as palavras de Montaigne na "Apologia" parecem resumir a essência da tragédia shakespeariana tão bem como muitos críticos já o fizeram:

> ...se acontece que somente ele, entre todas as criaturas, tem essa liberdade de imaginação e essa licença de pensamento que representam para ele tanto o que é quanto o que não é, o que o satisfaz, falso e verdadeiro, é uma vantagem pela qual pagou muito caro...

Hamlet (1603), que numa versão anterior tinha um personagem chamado Montano, parece mergulhado num ceticismo semelhante: "O verme é o único imperador da dieta", em Hamlet, lembra "o coração e a vida de um imperador poderoso e triunfante não é senão o café da manhã de um pequeno verme cego", em Montaigne. E, em seu mais famoso monólogo, Hamlet parece conseguir algo como o equivalente dramático de um ensaio, ponderando pontos de vista opostos como forma de explorar não só se deveria viver ou morrer, mas também a natureza da própria existência:

> Ser ou não ser: eis a questão:
> Será mais nobre suportar na mente
> Pedras e flechas de uma sina ultrajante

Ou pegar armas contra um mar de provações
E, lutando, dar-lhes um fim? Morrer: dormir;
Nada mais; e com o sono, dizem, acabamos
Com as dores do coração e os milhares de choques naturais
De que a carne é herdeira, eis uma consumação
A ser ardentemente desejada. Morrer: dormir;
Dormir: talvez sonhar; ah, aí está o obstáculo;
Pois nesse sono de morte os sonhos que vierem
Quando tivermos nos libertado desse tumulto de mortais
Certamente nos farão hesitar: essa é a consideração
Que dá vida tão longa ao infortúnio.
...
Desse modo, a consciência faz de todos nós covardes;
E assim o matiz natural da resolução
É enfraquecido pelo pálido verniz do pensamento
E empreitadas de grande vigor e importância
Com esse olhar têm o curso desviado
E perdem o nome de ação...

Hamlet (III, i, 56-90)

Ao superar as estoicas "resolução" e firmeza marcial sem sentido por meio de algo como uma autoconsciência mais circunspecta, Hamlet parece sofrer sua própria queda do cavalo. E, embora as ideias em si possam parecer lugares-comuns hoje, antes de Hamlet os personagens não se expressavam assim – considerando a percepção e o conhecimento como centrais à experiência humana e, portanto, à experiência dramática. E outros heróis trágicos de Shakespeare – Macbeth, Otelo, rei Lear – parecem impulsionados por uma trajetória semelhante: eles vivenciam o ceticismo, a paralisia intelectual e perdem a noção do mundo, mas ao mesmo tempo se descobrem.

~

Montaigne é visto, sem que isso cause surpresa, por muitos historiadores da literatura, como tendo marcado o início de tais formas de individualismo moderno – sintetizadas na anomia angustiada de Hamlet e alcançando seu apogeu em Descartes. Virginia Woolf enfatiza desse modo o afastamento da mente de Montaigne de seu corpo: "medita[ndo] sobre o fogo no cômodo interno daquela torre que, embora separada do prédio principal, tem uma vista bem ampla da propriedade". Mas também pode ser dito que Montaigne representa o oposto, que, ao olhar para o seu interior, Montaigne não está procurando constância ou fuga, mas outra coisa – *companhia*:

> Quem pode pôr e misturar dentro de si os ofícios da amizade e do companheirismo, que o faça... Que se acalme e se acaricie e, sobretudo, se governe, respeitando e temendo sua razão e sua consciência, de modo que não possa tropeçar na presença delas sem se envergonhar.

Aqui Montaigne demonstra mais que qualquer outro escritor que a própria ideia do eu é prova do nosso desejo inato de contato humano – de ter alguém para conversar. E isso é literalmente provado pelo fato de que muitos de seus ensaios, como trechos extensos de seu *Diário de viagem*, foram ditados a um secretário – Montaigne dizendo com bastante sinceridade: "Falo com meu papel como falo com o primeiro homem que encontro."

Embora o autoconhecimento não seja algo que possa ser estabelecido com certeza, Montaigne, no entanto, o vê como um conhecimento do qual podemos nos aproximar. Devemos nos examinar não porque contenhamos a verdade infalível, mas porque – e esse pensamento é o que soa mais estranho para nós, leitores modernos – é dos nossos corpos, de nossos eus, que estamos mais próximos:

> É provável que, se a alma conhecesse algo, em primeiro lugar, conheceria a si mesma; e, se conhecesse alguma coisa fora de si, seria seu corpo e invólucro antes de outras coisas... Estamos mais próximos de nós mesmos do que da brancura da neve ou do peso de uma pedra. Se um homem não se conhece, como pode conhecer suas funções e seus poderes?

A tarefa da filosofia, portanto, não é cavar fundações mais firmes ou se elevar no além, mas nos mostrar onde já nos encontramos; não se livrar do corpo, mas apertar suas mãos.

Nesse sentido, a torre circular de Montaigne sem dúvida serviu como um meio de concentrar seu pensamento, não para proporcionar uma fuga dos outros, mas, como uma estrutura protetora – o quarto de dormir, o banheiro e a biblioteca –, constituindo um *lar,* não um lar fora de casa, mas um lar *dentro* de casa. De modo diferente do itinerante Descartes, Montaigne se *ensaia* somente quando está em casa – junto de seus livros, de sua escrivaninha e de sua cadeira e do repique do sino –, onde está mais perto de si:

> O curso de nossos desejos deveria ser circunscrito e restrito a um limite estreito das utilidades mais próximas e contíguas; e, além disso, seu curso não deveria partir numa linha reta que termina em outro lugar, mas num círculo do qual os dois pontos, por um movimento curto, se encontram e terminam em nós. As ações que são levadas a cabo sem essa reflexão – quero dizer, uma reflexão *próxima* e essencial –, como as dos que são ambiciosos e avaros e tantos outros que correm diretamente ao objetivo e cujo caminho sempre os leva para adiante de si, tais ações, digo, são errôneas e doentias. (*itálico* meu)

Em vez de certeza, é essa qualidade local, esse "lar" que é o interesse central de Montaigne: "Nunca estamos em casa, estamos sempre além de nós"; a mente precisa ser "chamada à casa e confinada dentro de si"; "todo homem corre para outro lugar e para o futuro porque nenhum homem chegou a si mesmo":

> É uma perfeição absoluta e é virtualmente divino sabermos como desfrutar corretamente de nossa existência. Procuramos outras condições porque não entendemos o uso do que é nosso e saímos de nós porque não sabemos como é lá dentro.

Na última página dos *Ensaios*, Montaigne acrescenta uma resposta final e destemida à tentativa de nos distanciarmos de nós mesmos: "Mesmo no trono mais alto do mundo, ainda estaremos sentados sobre os nossos traseiros."

O que permite que esse tipo de autoconhecimento tenha substância e textura, porém, é a experiência de Montaigne como *vigneron.* Enquanto o matemático Descartes espera encontrar verdades que sejam "claras e nítidas" como provas geométricas, Montaigne exemplifica a noção de um provar a vida paciente, por tentativas e cumulativo:

> Tenho um vocabulário próprio. "Passo o tempo" quando ele está ruim e inclemente, mas, quando ele está bom, eu não quero que ele passe, eu o provo novamente, eu me agarro a ele... Essa expressão comum, passatempo e passar o tempo, representa o costume daquele tipo de pessoas sábias que acham que não podem fazer melhor uso de suas vidas que deixá-las escapar e fugir...

Por meio do sentido do paladar, Montaigne é capaz de se aproximar ainda mais de si (o verbo que Montaigne usa aqui, *taster*, poderia significar também tocar). Tal conhecimento pode não ser "claro e nítido" (pois como pode ser separado se estamos em contato com ele?), mas isso não significa que não seja vivenciado. E, com o tempo e a prática, nosso entendimento dele se aprofundará. Devemos educar nosso paladar para nos entender; um processo que requer tempo, que requer *vida* – como Montaigne escreve num dos acréscimos finais a seu texto:

> A meditação é um estudo poderoso e rico para os que sabem como se provar e se exercitar vigorosamente; prefiro moldar minha alma a mobiliá-la. Não há atividade mais fraca ou mais forte, dependendo da natureza da alma que esteja envolvida nisso, do que a de considerar os próprios pensamentos. As melhores mentes fazem disso

sua vocação, "*quibus vivere est cogitare*" (para quem viver é pensar – Cícero).

Vivere est cogitare. Para Descartes, nossa existência está em dúvida, o *cogito* é sua tentativa de provar a sua existência; mas, para Montaigne, nossa existência não é problemática: a questão é nossa capacidade de apreciá-la, de saboreá-la e prová-la, de trazê-la para perto.

Para Montaigne, tal autoprova é um processo que simplesmente nunca se conclui, porque nós nos modificamos pelo que nos propomos a provar: "Não fiz meu livro mais do que meu livro me fez." Devemos, portanto, cultivar e cuidar de nossas vidas da mesma forma que as uvas amadurecem nas vinhas:

> Quero aumentá-la (a vida) em peso. Quero deter a velocidade de seu voo com a velocidade de minha posse e, por meu vigor em utilizá-la, compensar a velocidade de seu fluxo. Em proporção à brevidade de minha posse da vida, devo torná-la mais profunda e completa.

Não é um conhecimento abstrato e final, mas um conhecimento progressivo que sugere proximidade, doçura, nutrição. Em "Da conversação", Montaigne diz que por meio da conversa "buscamos a verdade", mas risca a expressão e escreve: "buscamos *o que é*."

O ensaio final de Montaigne, "Da experiência", apresenta assim um catálogo surpreendente de notas e texturas de provas de si mesmo. É um dos textos mais surpreendentes de toda a história da filosofia ocidental, um inventário sem paralelo da esfera de atividades sensoriais do homem. Aqui Montaigne vira as costas para o estoicismo e para as ideias consagradas, que considera que se repetem como um tronco de videira – "nossas opiniões são enxertadas uma na outra: a primeira serve como haste para a segunda; a segunda para a terceira". Ao contrário, olha para a experiência – um "meio menos digno", mas que nos aproxima da natureza, cujas "leis são mais bem-sucedidas do que as que nos damos":

> Pois, se dissermos que não temos autoridade para dar crédito ao nosso testemunho, o que dizemos passa a ser irrelevante. Em minha opinião, a partir das coisas mais comuns, familiares e banais, se podemos enxergá-las adequadamente, podemos construir os maiores milagres da natureza e os mais maravilhosos exemplos, principalmente em matéria de ações humanas.

Como ele diz em "Da fisionomia": "Todos nós somos mais ricos do que pensamos."

Montaigne experimenta sua própria constituição. Ele precisa de um guardanapo limpo, já que usa pouco tanto o garfo quanto a faca. É incapaz de dormir durante o dia, de comer entre as refeições ou de ir para a cama imediatamente depois do jantar. E é "absolutamente essencial" que se lave depois de uma refeição e que tenha cortinas em sua cama. Não consegue beber vinho ou água sem misturar, e quanto a comer:

> Não aprecio muito saladas ou frutas, exceto melões. Meu pai detestava todos os tipos de molhos; eu gosto de todos. Comer demais me aborrece, mas realmente não sei de nenhuma espécie de alimento que me faça mal, da mesma forma que não noto se a lua está cheia ou minguante, ou se é outono ou primavera. Há mudanças que

> ocorrem em nós, inconstantes e desconhecidas – rabanetes, por exemplo, inicialmente eu os apreciava, depois passei a não apreciá-los mais, agora gosto deles novamente. Sinto que meu estômago e meu apetite variam desse modo, sob vários aspectos: mudei do vinho branco para o clarete e depois do clarete novamente para o branco.

Ele come avidamente, morde a língua; gosta de dormir com as pernas elevadas.

No corpo de seus escritos, Montaigne dá cor e profundidade a seu autorretrato. É baixo e robusto, com "um rosto que não é gordo, mas é cheio". Tem olhos suaves e claros, nariz regular, dentes simétricos e brancos (que limpa todos os dias com um guardanapo). Tem a cabeça redonda, bem-desenhada, expressão agradável e aberta. Não tem mau cheiro e seus membros são bem-posicionados. Gosta de vestir preto e branco, como seu pai, mas é um pouco vaidoso: "uma capa usada como cachecol... calças descuidadas." Em sua juventude, foi vigoroso, mas pode ficar irrequieto, facilmente se distrai com uma mosca. Gosta de livros fáceis, *O decameron*, *Os beijos* de Johannes Secundus. Vê a vida como "um movimento material e corpóreo, uma ação essencialmente imperfeita e irregular; trato de servir a ela de acordo com sua natureza".

Montaigne escreve um livro que é o único de sua espécie no mundo, um livro com um projeto rebelde e excêntrico. Ele coça as orelhas. Detesta barganhar. Quer que a morte o encontre plantando seus repolhos. Detesta ser interrompido quando está no banheiro. Sente o cheiro das violetas de março em sua urina e vai ao banheiro à mesma hora todos os dias, seus intestinos nunca deixam de fazer

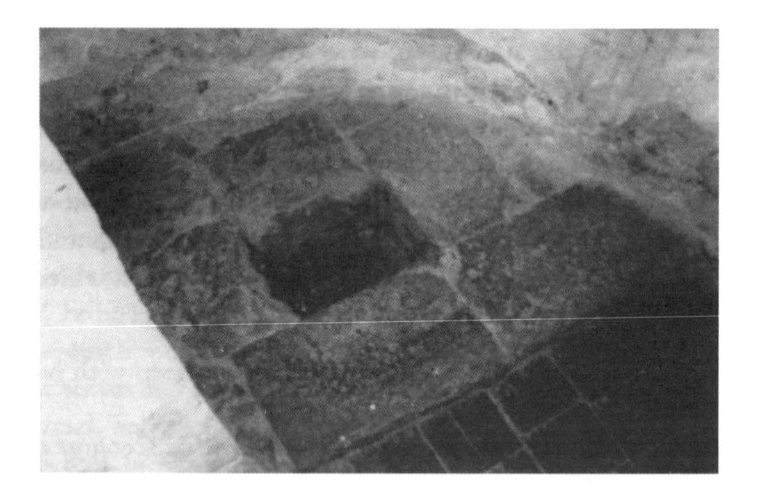

sua tarefa, "o que acontece quando pulo da cama", mas não devemos fazer como ele e ficar muito apegados a um lugar em particular – em seu caso, o banheiro alguns degraus abaixo de sua biblioteca. No entanto, em alguns dos banheiros públicos mais sujos, ele pergunta: "Não é de certo modo desculpável pedir um pouco mais de cuidado e limpeza?"

O que é mais importante em relação à consciência de Montaigne de si próprio, à intensidade de seu sentimento de conhecimento próprio, é que isso não contradiz sua noção de responsabilidade mais ampla para com a sociedade em geral, a verdadeira distinção entre ele e Descartes, pois Montaigne, talvez mais que qualquer outro escritor, está preocupado com o que a ligação entre nossas mentes e nossos corpos pode nos revelar sobre a natureza da humanidade em geral.

"Se os homens não fossem diferentes", observa, "não poderíamos distinguir um do outro; se não fôssemos parecidos, não seríamos capazes de reconhecer um ao outro como homens." Comenta que as regras estoicas de Sêneca são vantajosas "para o indivíduo", enquanto os escritos de Plutarco são mais "brandos e mais ajustados à vida em sociedade". Cita, com aprovação, a declaração de Aristipo de que o principal benefício que ele obteve da filosofia foi poder falar livre e abertamente com todos os homens.

E é em parte por meio do autoconhecimento que essa consciência dos outros deve ser ampliada: "A solidão de um lugar, para falar a verdade, me expande e me deixa exteriormente livre." Ele diz que nós, com frequência, nos descobrimos por meio do contato com os outros; que ele se sente estimulado "pela oposição de outra pessoa ou pelo ardor de minha própria fala"; "a companhia, o próprio som de minha voz extrai mais de minha inteligência do que o que encontro nela quando falo e me exercito sozinho". Estudar os outros é, portanto, uma forma de se estudar:

> Por ter me treinado desde a juventude a ver um espelho de minha própria vida na vida dos outros, adquiri uma tendência estudiosa nessa direção e, quando estou pensando nela, deixo escapar poucas coisas que tenham relação com esse assunto – rostos, humores, falas.

O autoconhecimento, portanto, está ligado ao nosso conhecimento das outras pessoas: por meio dele vislumbramos "o padrão universal do humano", aquilo que é comum a todos nós.

No entanto, talvez as verdadeiras consequências da noção de Montaigne sobre a nossa inter-relação estejam sugeridas em seu ensaio "Da crueldade", que vem imediatamente antes da "Apologia para Raymond Sebond". O ensaio começa perguntando qual é a definição convencional de virtude: sendo a resposta aquilo que requer "dificuldade e luta", particularmente na resistência pela alma aos prazeres do corpo. Nesse sentido, podemos dizer que Deus é justo, todo-poderoso, mas não podemos chamá-lo de virtuoso: sua justiça e bondade são distribuídas de acordo com sua vontade. Mas, para os humanos, a virtude "recusa a facilidade por companhia", preferindo a estrada dura e espinhenta ao caminho fácil e suave.

Montaigne, então, se detém em seu curso e diz: "Cheguei até aqui sem nenhum problema", mas aí ele pergunta se essa "difícil" virtude é verdadeira nas melhores almas, como Sócrates, que parecia dotado de uma "natureza simples e afável" e de uma instintiva aversão pelo mal. E depois Montaigne se volta para si, pois o que ele acha que seja a sua maior virtude – seu ódio à crueldade – não é algo que ele atinja pela razão, mas que brota instintivamente dentro de si:

> O bem que está em mim... está em mim pelo acaso de meu nascimento... Entre outros vícios, eu odeio cruelmente a crueldade, tanto por natureza quanto por opinião, como o mais extremo de todos os vícios. Mas isso chega a um tal ponto de fraqueza que não posso ver o pescoço de uma galinha ser torcido sem me entristecer e não suporto ouvir o choro da lebre nos dentes dos meus cães, mesmo sendo a caça um prazer violento.

Essa empatia não é reservada só aos animais, mas é parte de sua natureza solidária mais geral: "Tenho grande compaixão pelas aflições dos outros." Na Basileia, ele vê o filho pequeno de um pobre sendo operado de uma hérnia e, ele registra, "sendo tratado muito rudemente pelo cirurgião". Não consegue assistir a execuções – "não importa quão justas sejam" – sem desviar o olhar. Tem mais pena dos moribundos que dos mortos e facilmente se comove às lágrimas. O importante na confissão de Montaigne sobre "fraqueza" pouco viril é que esta não se baseia numa noção de justiça ou liberalidade, mas simplesmente emerge de sua reação proxêmica e comportamental à punição de outros. Não importa quão "justa" uma execução seja, é o *procedimento* dela que ele acha perturbador. Num acréscimo final aos *Ensaios*, ele confessa que "nada me provoca lágrimas exceto lágrimas, e não só as genuínas, mas qualquer tipo, fingidas ou pintadas". Por essa razão é que a tragédia nos comove – as lamentações de Dido e Ariadne nos afetam mesmo que não acreditemos nelas: "É sinal de uma natureza dura e inflexível não sentir nenhuma emoção diante dessas coisas." Não são as crenças ou as circunstâncias por trás da tristeza que o perturbam, mas a visão da própria tristeza.

A reação de Montaigne à crueldade é importante porque, como diz, ele vive "numa época em que são abundantes exemplos incríveis desse vício". Mas isso não "me habituou, de modo algum, a ele", afirma. Voltando aos animais, diz que o espetáculo do cervo macho, ensanguentado, sem fôlego e exausto, entregando-se a seus perseguidores "sempre me afetou do modo mais desagradável". Montaigne diz que quase nunca captura um animal vivo sem devolvê-lo à natureza e conta que Pitágoras comprava peixes e pássaros dos vendedores para fazer o mesmo. O que é importante nesse ponto é que Montaigne não apresenta argumentos teóricos mais elevados para apoiar sua compaixão: não é o pensamento de que o animal necessariamente possua consciência ou sensações, ou direitos, mas o "grito lastimoso" do animal que o afeta: "São esses os fundamentos de nossa tristeza."

Poderíamos concluir disso que a moralidade de Montaigne é apenas liberal, que ele lamenta a crueldade inata do homem sem oferecer nenhuma resposta real de como viver nossas vidas, mas esse sentido de nossa obrigação para com os outros (e também dos outros para conosco) atinge um clímax em seu penúltimo ensaio, "Da fisionomia", no qual ele encara e enfrenta a crueldade desleal da época em que vive.

O ensaio é, em parte, uma reflexão sobre o poder da beleza – "uma qualidade que confere poder e vantagem" –, mas, mais profundamente, uma demonstração da percepção de Montaigne de que "não há nada tão pouco antissocial e tão sociável como o homem: o primeiro, por seu vício; o outro, por sua natureza" –, isto é, as relações humanas não são coisas abstratas, mas visíveis e tangíveis. E, como ilustração, conta que, durante as guerras civis, um vizinho tentou tomar a sua casa. Apesar da localização vulnerável, ao contrário de seu pai, Montaigne não a fortificou, tornando um ataque a essa casa "uma ação covarde e traiçoeira... ela não está fechada para ninguém que bata à porta". Sua única sentinela era um porteiro idoso "cuja função não era tanto guardar a porta quanto oferecê-la com mais cortesia e decoro". Essa falta de defesa, essa natureza confiante, um vizinho planejou usar em seu benefício:

> Uma vez uma pessoa planejou tomar a minha casa e me capturar. Seu plano era chegar sozinho à minha porta e pedir com urgência para entrar. Eu o conhecia de nome e tinha razões para confiar nele como vizinho e, até certo ponto, como aliado. Abri as portas para

ele, como faço com todo mundo. Ali estava ele, completamente aterrorizado, seu cavalo sem fôlego e exausto. Ele me entreteve com esta história: que tinha acabado de encontrar um inimigo seu a meia légua de distância... ingenuamente, tentei confortá-lo, tranquilizá-lo, revigorá-lo. Pouco depois, quatro ou cinco de seus soldados chegaram, com a mesma atitude e medo, para entrar; e depois mais e mais soldados, bem equipados e armados, até que havia vinte e cinco ou trinta, fingindo que o inimigo estava em seu encalço. Aquele mistério estava começando a levantar minhas suspeitas. Eu não ignorava o tipo de época em que vivia, que minha casa poderia ser cobiçada e sabia de vários exemplos de pessoas conhecidas que tinham sofrido a mesma desgraça. No entanto, pensei que não havia o que ganhar se não continuasse a ser agradável, tendo começado com essa atitude, e, sendo incapaz de me desvencilhar sem arruinar tudo, me deixei levar pelo curso mais natural e simples, como sempre faço, e dei ordens para que entrassem...

Os homens ficaram montados em seus cavalos no meu pátio, o líder ficou comigo em minha sala e não quisera que seu cavalo fosse para o estábulo, dizendo que precisava voltar assim que recebesse notícias de seus homens. Ele se viu senhor daquela investida e agora nada restava senão a execução do plano. Desde então, disse-me muitas vezes, pois não receava contar a história, que meu rosto e minha franqueza tinham "arrancado" a traição dele. Voltou a montar em seu cavalo, seus homens mantendo nele o olhar, esperando que fizesse algum sinal, muito espantados de vê-lo ir embora e abandonar a vantagem que tinha.

Então Montaigne relata um incidente similar, quando foi emboscado por um grupo de homens mascarados na floresta de Villebois, a caminho de Paris em 1588, tendo seu cofre roubado e seus empregados e cavalos repartidos, mas, quando estava sendo levado para uma distância de "dois ou três tiros de mosquete", evidentemente temendo o pior,

> uma mudança súbita e inesperada sobreveio neles. Eu vi o líder voltar e me falar numa linguagem mais gentil, se dando ao trabalho de procurar meus pertences dispersos entre seus homens... até meu cofre... O que mais chamava a atenção entre eles, que tirou a máscara e me disse seu nome, repetiu várias vezes que eu devia essa libertação ao meu rosto e à liberdade e firmeza de minha fala, que demonstrava que eu não merecia tal desgraça, e me pediu que lhe assegurasse tratamento semelhante.

O que frustra o golpe do vizinho e a tentativa de roubo é a força do rosto simples e aberto de Montaigne. É isso e a "liberdade e firmeza" de sua fala que o livram. Ele é salvo não pela compaixão deles, mas por sua própria honestidade – no último exemplo ele diz que "lhes confessei abertamente logo no início a que partido pertencia e que estrada seguia". E isso precipita uma honestidade correspondente no assaltante: "Ele tirou a máscara e me disse seu nome." Além disso, seu ex-inimigo se torna seu aliado, avisando-o de outra emboscada que o teria atingido no dia seguinte e pedindo a Montaigne que lhe assegurasse "tratamento similar" se a situação se invertesse.

"Se meu rosto não respondesse por mim", Montaigne observa, "se os homens não lessem a inocência de minha intenção em meus olhos e em minha voz, eu não teria sobrevivido tanto tempo sem brigas e sem ataques." Nossa conduta e nossa atitude caminham à nossa frente e exercem poder sobre os outros. Além disso, nessa época cínica, cética e maquiavélica, em que se deve desconfiar de todas as aparências, Montaigne tenta mostrar que na cena primeira do conhecimento – um homem encontrando outro homem – certos valores ainda são inerentes: "A naturalidade pura e a verdade, em qualquer época, ainda encontram oportunidade e abertura." "O rosto pode oferecer uma segurança débil, mas vale alguma coisa assim mesmo." As aparências podem ser às vezes enganadoras, porém, como diz Montaigne em outro lugar, "não há nada inútil na natureza, nem mesmo a própria inutilidade". Sua relutância em parecer pouco hospitaleiro e sem caridade para com seu assaltante obriga o assaltante a fazer o mesmo; na fraseologia de Montaigne, isso "arranca" a traição de suas mãos. Podemos desconfiar, mas não podemos abandonar totalmente nossa obrigação para com a conduta e os gestos dos outros. E é por meio de nossos gestos e da "liberdade e firmeza" de nossa fala que essa confiança deve ser reafirmada.

A história de Montaigne sobre sua casa, portanto, oferece uma base alternativa à oferecida por Descartes: em que a verdade ou, mais importante ainda, a confiança, é restabelecida, não por meio de uma fuga dos outros para uma forma de razão rarefeita, mas por meio de uma reafirmação mais próxima de moralidade, de homem para homem. O vício floresce na distância: Montaigne cita Lucrécio sobre o prazer indiferente de ver alguém longe da costa, lutando contra a tempestade. E, em Roma, ele observa que a irmandade de "cavalheiros e pessoas importantes" que acompanha execuções públicas se esconde atrás de máscaras de linho branco. E essas distâncias são aumentadas pelas distâncias artificiais de dinheiro, religião e poder: Alexandre manda furar os calcanhares de Betis e arrastá-lo pelas ruas, mas não faz isso pessoalmente.

Em seus ensaios, de um modo geral, Montaigne explora o poder da presença humana na vida moral. Conta como Augusto, sabendo da conspiração de Cina,* mandou trazê-lo à sua presença, sentou-o numa cadeira que mandou vir para ele, disse-lhe que sabia da conspiração e o perdoou, perguntando: "Vejamos se eu demonstrei mais boa-fé em poupar sua vida ou você em recebê-la." Alexandre, recebendo uma carta que o informava que Filipe, seu médico, fora pago por Dario para envenená-lo, de modo semelhante mandou trazer Filipe à sua presença e fez com que lesse a carta, enquanto bebia o remédio que Filipe havia preparado. César ficou chocado com a morte de Pompeu, não quando lhe contaram a respeito, mas apenas quando o presentearam com a cabeça.

Para Montaigne, a proximidade humana está, portanto, no cerne da moralidade: "Romper um cerco, conduzir uma embaixada, governar um povo" são comumente elogiados, e a piedade é facilmente fingida: "Sua essência é abstrata e oculta; sua forma é

---

* Cina (Gneo Cornelio Cina Magno) se tornou partidário de Marco Antônio, membro do triunvirato. Foi promovido a sacerdote. No ano 4 d.C., Cina e Emília Lépida, neta do membro do triunvirato Marco Emílio Lépido, envolveram-se numa conspiração contra o imperador romano Augusto. Cina e Lépida foram perdoados pelo imperador. Cina serviu como cônsul no ano 5 d.C.. Cina é o personagem principal de uma tragédia de Corneille, famoso dramaturgo francês do século XVII, chamada *Cinna.* (N.T.)

fácil e protocolar", mas "manter uma conversa agradável e razoável com a família, não se descontrolar ou não ser falso consigo, isso é mais raro e mais difícil de alcançar"; "Poucos homens foram admirados pelas pessoas de sua própria casa." Mas tal proximidade é também a base da felicidade: "O reconhecimento dos pais, dos filhos e dos amigos." E, de um modo geral, Montaigne considera que o gregarismo e o espaço social compartilhado melhoram a sociedade. Relembrando o papel do teatro na Antiguidade, observa que "boas formas de governo se preocupam em reunir e aproximar os cidadãos não apenas para os deveres solenes da devoção, mas também para esportes e entretenimento. Aumentam-se assim a sociabilidade e a amizade."

E a crença de Montaigne na importância da proximidade para a moralidade parece ser apoiada por evidência científica. Numa série de experimentos famosos realizados em Yale na década de 1960, o psicólogo Stanley Milgram investigou a "obediência" das pessoas a figuras de autoridade, especialmente em situações que pareciam contradizer seu senso moral. Participantes foram recrutados e um "pesquisador" de jaleco branco lhes disse que aplicassem choques elétricos num "aluno" (na verdade representado por um ator), em outra sala, dependendo de suas respostas a certos testes de memória. Os participantes eram orientados a aumentar o nível dos choques de "choque intenso" para "perigo: choque severo" e finalmente para "XXX", se os "alunos" continuassem a dar respostas erradas. Milgram detectou que 65% das pessoas – tanto homens quanto mulheres – estavam prontos a aplicar choques até do mais alto nível, um número muito maior do que se havia previsto.

Também interessante é como a proximidade das vítimas afetava as respostas dos participantes. O primeiro grupo de experimentos colocou o "aluno" relativamente isolado, possibilitado de se comunicar apenas por batidas breves na parede. Mas, quando o "aluno" foi trazido para mais perto, primeiro por meio de reação verbal, depois colocado na mesma sala e, finalmente, numa posição em que o participante era instruído a pôr a mão do "aluno" no eletrodo, a percentagem de participantes dispostos a aplicar o choque mais forte foi reduzida a 30%. Além disso, quando a proximidade do "pesquisador" foi diminuída, e suas instruções foram transmitidas apenas por telefone, a taxa de observância caiu para 21%.

Obviamente os achados de Milgram sugerem algumas conclusões deprimentes, deixando implícita para alguns uma desesperança quanto às relações humanas, mas também revelam outra coisa: que nossa disposição ou relutância em ferir outros estão ligadas à nossa obrigação proxêmica – isto é, nossa proximidade ao pesquisador ou à vítima. E que, para ter certeza de que estamos adequada e moralmente informados sobre uma situação, precisamos nos certificar de que a autoridade para nossas ações e as consequências delas – o pesquisador e a vítima – estão conosco na mesma sala.

Ao terminar os *Ensaios*, Montaigne parece apresentar uma lição e um tipo de resposta semelhantes à sua charada original: se é melhor desafiarmos ou nos prostrarmos diante de uma força dominadora; se devemos ou não perder a esperança nas relações sociais. A resposta que ele dá, porém, é moral e não tática: a de que reconstruir a moralidade envolve a restauração da obrigação proxêmica dos homens. No centro da moralidade de Montaigne está algo que os "grandes e tediosos debates sobre a melhor forma de sociedade", e as formas de governo ideais "imitadas pela arte" invariavelmente tendem a ignorar:

> ... que a sociedade dos homens se manterá unida e se ligará a qualquer custo. Em qualquer posição que forem colocados, os homens se amontoam e se arrumam, deslocando-se, e se embaralhando, exatamente como um grupo de objetos jogados numa mala encontra seu modo próprio de se juntar e se ajustar, muitas vezes melhor do que se tivessem sido arrumados deliberadamente.

Uma certa "necessidade reconcilia e une os homens". Devemos mais uns aos outros do que sabemos. Nossa linguagem e nossas teorias podem procurar fugir disso, ao tentar encontrar um ancoradouro além de nós, mas nos arriscamos a perder o controle sobre o que está à nossa frente. A consciência intuitiva de Montaigne sobre o poder imitativo do comportamento – os "neurônios-espelho" que servem como antídoto a nossos genes egoístas – demonstra que já estamos engajados numa conversa de duas vias com os outros: que não somos impotentes em relação ao comportamento deles, nem eles indiferentes em relação ao nosso. Se buscamos uma razão para agir bem – como sugere a experiência de Montaigne ao se manter firme em sua casa – pode ser simplesmente que, ao fazer isso, seja mais provável que os outros façam o mesmo; e que, ao fazermos algo para os outros, estejamos fazendo algo para nós.

Faz quase zero grau quando parto para Bordeaux, mal se vê o sol sobre um horizonte frio e branco. À medida que viajo para leste a terra se estende: os campos menores se abrem em campos maiores; as casas se dispersam, mas a terra permanece dormindo. As folhas e os galhos estão silenciosos, apenas os troncos podados das vinhas parecem sacudir seus punhos contra o céu.

Depois de uma hora, atravesso o rio – apenas a poucas centenas de metros agora – e contorno Castillon, obedecendo ao calvinismo brando da navegação por satélite, e começo a subir. Cachorros latem. Um fazendeiro lava seus baldes. A estrada torna-se plana, paro e viro à esquerda, depois faço uma curva à direita que me leva diretamente à aldeia, sigo além da escola e da igreja e então entro no terreno do castelo. O mostrador eletrônico dá a localização exata: 44º52'33"N, 0º01'47"L. Vou à bilheteria, compro uma entrada e uma garrafa de vinho, e ando as poucas centenas de metros até a torre. No bosque, um gaio ri sua risada fria de corvo.

O atendente destranca a porta e me faz entrar, acendendo as luzes. A capela fica à direita da porta: seu aquecedor de halogênio dá uma ajuda ao espírito. Acima estão o quarto de dormir e a cama de quatro colunas. E, finalmente, continuo a subir os degraus, passo pelo banheiro com sua minúscula janela e me abaixo para atravessar a porta da biblioteca, mais ampla e clara do que se poderia imaginar.

Sem livros, agora ela contém apenas algumas lembranças desbotadas – uma placa, um quadro, uma estátua; um par de selas empoeiradas; uma mesa e uma cadeira que provavelmente Montaigne nunca usou, mas, quando giro lentamente, olhando para o alto, para as constelações de inscrições acima de mim, penso sobre os outros que fizeram o mesmo: abriram esta porta, olharam por esta janela, tocaram esta parede – todos em busca de nossa mais antiga superstição, algo irrefutável, porém indefinido.

O fato de Montaigne ter estado aqui significa alguma coisa. Mas não em termos de alguma universalidade abstrata – algum espírito do lugar –, mas algo mais local, próximo, privado e doméstico, algo mais verdadeiro para Montaigne e para nós. Se eu estender minha mão, quase posso tocar a dele; estamos separados apenas por uma fina faixa de tempo. E essas coordenadas, mais que quaisquer outras, possuem uma espécie de gravidade moral. A prova mais simples disso é o fato de eu estar aqui.

A torre de Montaigne é, portanto, única em preservar o espaço pessoal de um dos maiores escritores de todos os tempos, mas também um escritor para quem a presença pessoal era parte da história que ele queria contar. Quando olha para nosso futuro, ele vê um fenômeno natural à beira da extinção: o sentimento de que o que somos está de algum modo entre nós; a consciência dos outros como a parte que nos integra. E essas paredes circulares parecem preservar essa relacionalidade (*betweenness*), tornando o espaço tangível e saboreável: um adensamento do invisível, um senso de espaço como elemento de aproximação e não de afastamento. Diante das divisões e distâncias da modernidade, Montaigne nos lembra de que nossas necessidades humanas mais profundas e imediatas – centrais para o contentamento humano – giram numa órbita estreita, às vezes não maior do que este cômodo. Com essa finalidade, ele tenta trazer a filosofia de volta a suas raízes – como *philo-sophia*: não apenas o amor à sabedoria, mas uma amizade à sabedoria, um desejo de se aproximar dela, de encontrá-la e abraçá-la como a um amigo. Ao tentarmos atingir além de nossas capacidades – pegar "o punhado maior que a mão... montar mais alto do que nossas pernas" –, nos arriscamos a não perceber as distâncias íntimas, mas não menos intimidadoras, entre nós.

E, como para afirmar isso, estão inscritas nas paredes de seu escritório as assinaturas de centenas de visitantes – ansiosos para ver o lugar em que Montaigne trabalhava, o chão sobre o qual andava, o quarto em que dormia, o banheiro onde se dava conta de que era teimosamente, frustrantemente, dolorosamente, mas finalmente – para seu grande alívio – também recortado do mesmo molde universal humano. No entanto, ao mesmo tempo, essas assinaturas também sugerem um desejo de nos conectar com nossa própria atitude e presença – conhecer Montaigne para encontrar e confabular conosco. Para anunciar – como algum engraçadinho assinou na parede – "Moi!"

Mas isso é algo que Montaigne sempre soube. Depois de dar a volta nesse espaço e tentar imaginar como era a vida para Montaigne – ouvir os gritos da vida do castelo juntamente com o barulho do

canto dos pássaros lá fora – abro meu exemplar dos *Ensaios* e vou ao início, onde Montaigne parece abrir a porta antes de termos batido, e em suas palavras "Para o leitor" parece se dirigir a cada um de nós:

> Aqui você tem um livro de boa-fé, leitor. Logo no início ele diz que não me propus aqui nenhum outro objetivo que não seja doméstico e privado. Não tive intenção de lhe prestar um serviço ou de me glorificar. Meus poderes não são capazes de tal projeto. Eu o dediquei à conveniência particular de minha família e de meus amigos, para que, quando me perderem (o que deve acontecer em breve), recordem algumas características de minhas circunstâncias e disposições de espírito e por meio disso alimentem inteira e vivamente o conhecimento que tinham de mim. Se minha intenção fosse buscar o reconhecimento do mundo, eu teria me enfeitado com belezas emprestadas ou me esforçado em adotar a minha melhor postura.

> Quero ser visto aqui no meu modo simples, natural e ordinário, sem esforço ou artifício, pois retrato a mim mesmo. Meus defeitos estão aí para serem vistos como realmente são e também a minha forma natural, tanto quanto a decência pública me permite. Se tivesse sido colocado em uma daquelas nações das quais se diz que ainda vivem sob a doce liberdade das leis da natureza, eu lhe asseguro que teria me retratado inteira e completamente nu com a maior boa vontade.
>
> Portanto, leitor, sou eu o próprio assunto de meu livro. Não há razão para você gastar seu tempo livre com um assunto tão frívolo e fútil.
> Então, adeus. Montaigne, nesse primeiro dia de março de mil quinhentos e oitenta.

Em nenhum outro lugar a humildade espirituosa de Montaigne fica mais evidente do que aqui, quando ele nos convida a entrar, mas nos pede que deixemos nossa espada crítica no saguão. Porém, o mais notável neste prefácio é a maneira como ele se aproxima do leitor – quase literalmente – através do tempo e do espaço (como diz de seu livro e de si em outro lugar: "Quem toca um toca o outro"; e disse a Henrique III: "Meu livro e eu somos um"). Pois aqui Montaigne abandona a formalidade tradicional das dedicatórias e usa o *tu* mais íntimo. Também mantém o tempo presente e um quase oral presente do indicativo constantemente em primeiro plano (não simplesmente este livro, mas este livro *aqui*). E, em vez de ter em vista satisfazer um objetivo universal, "a aprovação do mundo", a intenção de Montaigne é mais local, registrando suas características e seus humores para "sua família e seus amigos".

Para Descartes, seu livro é a Verdade, a obra de um "único mestre". Para Montaigne, o livro é o lugar de um evento social, o encontro de escritor e leitor, de Michel de Montaigne e você.

Também é significativa a descrição de Montaigne do livro como um livro de "boa-fé" ("*bonne foi*"), pois, com "boa-fé", Montaigne introduz um conjunto rico de associações: associações católicas, em que a boa-fé salva a alma de alguém impossibilitado de receber os sacramentos; associações legais, em que a boa-fé é um componente importante da legislação de contratos, mas também a ideia de casamento, visto como um relacionamento de amor, mas também de confiança e fidelidade.

Intimamente ligado à ideia de boa-fé era um aperto de mão, uma imagem de confiança e boas-vindas que remontava à Antiguidade, frequentemente na representação de um encontro entre vivos e mortos, mas também simbolizando, como coloca um historiador, "um fim de hostilidade, um ato de amizade, uma promessa de confiança". Um soldado, nas *Crônicas* de Froissart, oferece a mão a outro

"para jurar sua lealdade" ("*pour faire jurer sa foi*"), uma prática claramente relacionada a outros rituais envolvendo mãos e confiança, tais como um acordo de noivado, uma promessa de obediência a um senhor feudal, votos feitos com o uso da luva de uma dama ou de um cavalheiro, ou juramentos selados colocando a mão sobre um livro.

Na época de Montaigne, podemos ver essa identificação de "boa-fé" com aperto de mãos em símbolos de impressores, como no *Avanço da aprendizagem* de Bacon (1624), que mostra o encontro de duas mãos sobre o lema latino *Bona fides*; ou o símbolo do impressor parisiense Nicolas de Sercy, em que duas mãos apertadas aparecem abaixo de uma coroa, juntamente com o lema *La bonne Foy couronnée*. Talvez isso esteja mais claramente demonstrado em livros de emblemas, como o *Emblemata* de Andrea Alciato, publicado em múltiplas edições entre 1531 e 1621 (e muito provavelmente lido por Montaigne). Ali a boa-fé é representada como uma relação entre a Verdade (carregando um livro e quase nua) dando a mão à Honra e ambas ligadas pelo Amor Verdadeiro (um menino pequeno). O texto diz: "Estas figuras constituem a boa-fé, cuja devida reverência a Honra promove, o Amor nutre, a Verdade faz nascer."

Portanto, para Montaigne, "boa-fé" é mais que simplesmente verdade, já que a verdade é apenas um vértice do triângulo e ela é constituída mais exatamente pelo encontro dos três – honra, verdade e amor verdadeiro: leitor, escritor e livro. Como que para selar isso, Montaigne se apresenta diante de nós em pessoa, com a dignidade oral, cara a cara, da nobreza francesa, dirigindo-se a você, "o Leitor", em pessoa, dizendo que ele é a "matéria" de seu livro e colocando seu livro – e sua mão – na sua mão.

Bibliografia selecionada

As traduções de Montaigne são minhas, mas leitores interessados têm a seu dispor duas excelentes traduções inglesas: *The Complete Works of Montaigne*, de Donald M. Frame (Nova York: Everyman, 2003; publicada primeiramente em 1957), e *The Complete Essays*, de Michael Screech (Harmondsworth: Penguin, 1993). Edições online em inglês dos *Ensaios* (Essais) e do *Diário de viagem* (Journal de Voyage) podem ser encontradas em <http://humanities.uchicago.edu/orgs/montaigne/>, assim como as traduções para o inglês de John Florio e Charles Cotton online. O material secundário sobre Montaigne é volumoso: abaixo, tentei indicar publicações que podem ser de interesse para o leitor em geral, ao mesmo tempo em que me libero de alguns de meus numerosos débitos.

Abecassis, Jack I. "Montaigne's Aesthetics of Seduction and the Constitution of the Modern Subject", *Montaigne Studies,* 2 (1990), 60-81.

Alciato, Andreas. *Emblematum libri II* (1556), p. 154, sobre o símbolo de "bonne foi" (reproduzido com a permissão da University of Glasgow Library, Dept of Special Collections).

Ariès, Philippe. *Western Altitudes Towards Death from the Middle Ages to the Present*, trad. Patricia M. Ranum (Baltimore: Johns Hopkins

University Press, pp. 1-25, para o conceito de "morte domesticada" de Ariès.

Bacon, Francis. *The Essays*, ed. John Pitcher (Harmondsworth: Penguin, 1985), p. 108, para o ateísmo de Leucipo, Demócrito Epicuro.

Baumgartner, Frederic J. *From Spear to Flintlock: History of War in Europe and the Middle East to the French Revolution* (Santa Barbara: Greenwood Press, 1991), p. 187, para o conselho de Dom João de Áustria a respeito de como atirar com o arcabuz.

Behringer, Wolfgang. "Weather Hunger and Fears: Origins of the European Witch Hunts in Climate, Society and Mentality", *German History*, 13 (1995) para a Era de Gelo em miniatura do final do século XVI.

Bloch, Marc. *Feudal Society*, trad. L. A. Manyon (Chicago: University of Chicago Press, 1961), vol. 1, pp. 145-6, para apertos de mão na sociedade feudal.

Bomford, Kate. "Friendship and Immortality: Holbein's Ambassadors Revisited", *Renaissance Studies*, 18 (2004), 544-81, para *Os embaixadores* de Holbein como uma representação da amizade.

Boutcher, Warren. "Marginal Commentaries: The Cultural Transmission of Montaigne's *Essais* in Shakespeare's England", in *Montaigne et Shakespeare: vers un nouvel humanisme*, ed. Jean-Marie Maguin (Montpellier, Société Française Shakespeare & Université de Paris III, 2003), 13-27; p. 14 para visões de críticos a respeito do "iceberg escondido" da influência de Montaigne sobre Shakespeare.

Briggs, Robin. *Witchcraft and Neighbours* (Harmondsworth: Penguin, 1998), p. 8, para o número de acusações de feitiçaria na Europa.

Bullinger, Heinrich. *The Christen State of Matrimonye* (1541), fol. 75 r-v, para conselho protestante sobre a conduta de esposas e filhas.

Burke, Peter. *Montaigne* (Oxford: Oxford University Press, 1981).

Calvin, Jean, Battles, Ford Lewis e Hugo, Andre Malan. *Calvin's Commentary on Seneca's De Clementia* (Leiden: E. J. Brill, 1969), p. 53, para comentário de Calvino sobre Sêneca.

Cervantes, Miguel de. *Don Quixote*, trad. Tobias Smollet (Nova York: Barnes and Noble, 2004), p. 328, para o discurso de Dom Quixote sobre armamentos.

Charlton, Walter. *Physiologia Epicuro-Gassendo-Charletonia* (1654), p. 505, para o ceticismo de Charlton sobre a interioridade dos animais.

Clark, Willen, B. trad. e ed. *A Medieval Book of Beasts: The Second-Family Bestiary* (Woodbridge: Boydell Press, 2006), pp. 43, 130, para as lições espirituais de doninhas e castores.

Clarke, Desmond M. *Descartes: A Biography* (Cambridge: Cambridge University Press, 2006), p. 180, para a descrição de Descartes como "um solitário recluso, mal-humorado e hipersensível".

Davis, Natalie Zemon. *Society and Culture in Early Modern France* (Stanford: Stanford University Press, 1975), pp. 152-87, para "ritos de violência" durante as guerras religiosas.

Dekker, Elly e Lippincott, Kristen. "The Scientific Instruments in Holbein's Ambassadors: A Re-Examination", *Journal of the Warburg and Courtauld Institutes*, 62 (1999), pp. 93-125 para os instrumentos astronômicos em *Os embaixadores* de Holbein.

Delbrück, Hans. *The Dawn of Modern Warfare*, trad. Walter J. Renfroe, Jr. (Nebraska: University of Nebraska Press, 1990), vol. IV, p. 43, para o derramamento de sangue na batalha de Pavia.

Desan, Phillipe. 'The Montaigne Project', uma entrevista com Desan na revista *Fathom* (www.fathom.com/feature/122610/index.html) para as diferentes tintas na frase de Montaigne "porque era ele; porque era eu".

Descartes, René. *Selected Philosophical Writings*, trad. John Cottingham, Robert Stoothoff e Dugald Murdoch (Cambridge: Cambridge University Press, 1988).

Dewald, Jonathan. *Aristocratic Experience and the Origins of Modern Culture: France 1570-1715* (Berkeley: University of California Press, 1993), pp. 55-6, para a condenação de Monluc das armas de fogo.

Epictetus, *Enchiridion*, trad. George Long (Nova York: Dover, 2004), pp. 2-3, para citações (ligeiramente modificadas) de Epiteto.

Erasmus, Desiderius, *Enchiridion militis christiani* (*The Handbook of the Christian Soldier*), trad. Charles Fantazzi, *The Collected Works of Erasmus*, ed. John W. O'Malley (Toronto: University of Toronto Press), vol. LXVI, p. 84, para o humanismo literário de Erasmo.

Erasmus, Desiderius. *De Utraque Verborem Ac Rerum Copia* (*On Copia of Words and Ideas*), trad. Donald B. King e H. David Rix (Milwaukee: Marquette University Press, 1963), pp. 38-41, para o prazer de Erasmo ao receber uma carta.

Flaubert, Gustave. *Selected Letters*, trad. J. A. Cohen (Londres: Weidenfeld and Nicolson, 1950), p. 115, para o elogio de Flaubert a Montaigne.

Ford, Franklin L. "Dimensions of Toleration: Castellio, Bodin, Montaigne", *Proceedings of the American Philosophical Society*, 116 (1972), 136-9, p. 137, para a tradução da dedicatória de Castellio na Bíblia que este deu a Henrique II.

Frame, Donald. *Montaigne: A Biography* (Londres: Hamish Hamilton, 1965), pp. 272-3, para as citações dos embaixadores inglês e espanhol; p. 305, para as descrições da morte de Montaigne; e *passim*.

Friedrich, Hugo. *Montaigne*, trad. Dawn Eng, ed. Philippe Desan (Berkeley: University of California Press, 1991).

Froissart, Jean. *Chroniques*, ed. S. Luce, G. Raynaud, Léon Mirot e Albert Mirot (Paris: Société de l'histoire de France, 1869-1975), vol. XI, p. 143, para um soldado jurando lealdade com um aperto de mão.

Gallese, V., Fadiga, L., Fogassi, L. e Rizzolatti, G. "Action Recognition in the Premotor Cortex", *Brain*, 119 (1996), 593-609, para a descoberta dos neurônios-espelho.

Hall, Edward T. *The Hidden Dimension* (Nova York: Doubleday, 1966), p. 121, para a descrição de Hall da atração gravitacional entre corpos.

Harrison, Peter. "The Virtues of Animais in Seventeenth-Century Thought", *Journal of the History of Ideas*, 59 (1998), 463-84, pp. 466-7, para a relação apontada por Jacob ibn-Zaddick de animais e atributos humanos.

Harrison, William. *The Description of England*, ed. Georges Edelen (Nova York: Dover, 1994), p. 130, para as diferentes variedades de vinho em oferta na Inglaterra elisabetana.

Herbert, George. *The English Poems*, ed. Helen Wilcox (Cambridge: Cambridge University Press, 2007), p. 23, para "A agonia" de Herbert.

Hoffmann, George. *Montaigne's Career* (Oxford: Oxford University Press, 1998), p. 76, para a decisão de Montaigne de retirar o *Discurso da Servidão Voluntária* de La Boétie de seu trabalho, e *passim* para a vida e prática de escrita de Montaigne.

Hoffmann, George. "Anatomy of the Mass: Montaigne's 'Of Cannibals'", *Publications of the Modern Language Association* 117 (2002), 207-21, para as ligações entre a religião ameríndia e o catolicismo.

Holt, Mack P. *The French Wars of Religion*, 1562-1629 (Cambridge: Cambridge University Press, 2005).

Irving, David. *Memoirs of the Life and Writings of George Buchanan* (Edinburgh: Wiffiam Blackwood, 1807), pp. 106-7, para o texto em latim do poema de Buchanan "Chegando à França".

Jensen, Kristian. "The Humanist Reform of Latin and Latin Teaching", in *The Cambridge Companion to Renaissance Humanism*, ed. Jili Kraye (Cambridge: Cambridge University Press, 1996) 63-81, p. 65, para o elogio da eloquência de Johannes Santritter.

La Boétie, Etienne de. *Oeuvres*, ed. Paul Bonnefon (Paris: J. Rouam, 1892).

La Boétie, Etienne de. *Poemata*, ed. e trad. James S. Hirstein e Robert D. Cottrell, *Montaigne Studies*, 3, p. 29, para a descrição de La Boétie da "ardente energia" juvenil de Montaigne.

La Framboisière, Nicolas-Abraham de. *Oeuvres* (1669), p. 87, para classificações de vinhos franceses.

La Marche, Olivier de. "L'estat de la Maison du Duc Charles Le Hardy", in *Nouvelle Collection des Mémoires pour servir à l'Histoire de France*, ed. J. F. Michaud and J.J. F. Poujoulat (Paris, 1837), ser. i, vol. III, p. 589, para o "assay" do vinho na mansão de um nobre.

Le Roy Ladurie, Emmanuel. *The French Peasantry, 1450-1660*, trad. Alan Sheridan (Aldershot: Scolar Press, 1987), pp. 130-31, para as exportações do vinho de Bordeaux no final de século XVI.

Legros, Alain. *Essais sur Poutres: Peintures et Inscriptions Chez Montaigne* (Paris: Klincksieck, 2000), pp. 317-22, para a remoção por Montaigne da inscrição de Lucrécio *Nec nova vivendo procuditur ulla voluptas.*

Leyser, Karl. *Communications and Power in Medieval Europe: The Carolingian and Offonian Centuries*, ed. Timothy Reuter (Londres: Hambledon Press, 1994), p.191, para apertos de mão como testemunho de fidelidade.

Machiavelli, Niccolò. *The Prince*, trad. George Buil (Harmondsworth: Penguin, 1993), p. 56, para a necessidade de governantes imitarem raposas e leões.

Machyn, Henry. *The Diary of Henry Machyn*, ed. John Gough Nichols (Londres: Camden Society, 1848), p. 289, para o vinho no batizado da filha de William Harvey.

Malebranche, Nicolas. *The Search After Truth* (*Recherche de la vérité*), trad. Thomas M. Lennon e Paul J. Olscamp (Cambridge: Cambridge University Press, 1997), pp. 494-5, para o ceticismo de Malebranche sobre a capacidade de sentir dos animais.

Matthews, John Hobson. ed. "Margam Abbey Muniments: Select Documents to 1568", in *Cardiff Records* (1901), vol. III, n. 1102, para os direitos locais do conde de Pembroke.

Milgram, Stanley. *Obedience to Authority: An Experimental View* (Nova York: Harper & Row, 1974).

Mirandola, Pico della. *On the Dignity of Man; On Being and the One; Heptaplus*, trad. Charles Wallis, Paul Miller e Douglas Carmichael (Indianápolis: Bobbs-Merrill, 1965), pp. 6-7, para o humanismo otimista de Pico.

Monluc, Blaise de. *The Habsburg-Valois Wars and the French Wars of Religion*, ed. Ian Roy (Londres: Longman, 1971), p. 221, para o ferimento de Monluc no cerco de Rabastens.

Montaigne, Michel de. *Essais de Michel de Montaigne: Texts original de 1580 avec les variantes des editions de 1582 et 1587*, ed. R. Dezeimeris e H. Barckhausen, 2 vols. (Bordeaux: Feret, 1870-73).

Montaigne, Michel de. *The Diary of Montaigne Journey to Italy*, trad. E. J. Trenchman (Londres: Hogarth Press, 1924), p. 12, para a descrição de Jean le Bon da casa de banhos Plombières.

Montaigne, Michel de. *The Complete Essays of Montaigne*, trad. Donald M. Frame (Stanford University Press, 1957), p. 318, para a descrição de Frame do efeito da "Apologia" como "desconcertante" no cabeçalho para este capítulo.

Montaigne, Michel de. *Oeuvres complètes*, ed. Albert Thibaudet e Maurice Rat (Paris: Gallimard, 1962)

Muchembled, Robert. *Culture Populaire et Culture des Élites dans la France Moderne* (Paris: Flammarion, 1978), p. 32, para a triste morte de Jehann le Porcq.

Nietzsche, Friedrich. *Untimely Meditations*, trad. R. J. Hollingdale (Cambridge: Cambridge University Press, 1997), p. 135, para a aprovação de Nietzsche a Montaigne.

Norton, Grace. "The Use Made by Montaigne of Some Special Words", *Modern Language Notes*, 20 (1905), 243-8, para a escolha de Montaigne de palavras como "gosto", "nobre" e "monstruoso" nas várias edições de seu texto.

Parker, Geoffrey. *The Military Revolution: Military Innovation and the Rise of the West, 1500-1800* (Cambridge: Cambridge University Press, 1996), p. 17, para o alcance e a eficácia dos arcabuzes; p. 60, para a juventude e a fragilidade dos homens recrutados para atirar com eles.

Pegge, Samuel. *The Forme of Cury* (1780), p. 161, para a receita medieval do hipocraz.

Popkin, Richard. *The History of Scepticism from Savonarola to Bayle* (Oxford: Oxford University Press, 2003).

Rawson, Claude. "The Horror, the Holy Horror: Revulsion, Accusation and the Eucharist in the History of Cannibalism", *Times Literary Supplement*, 31, outubro de 1997, 3-4 para ligações entre a religião ameríndia e o catolicismo.

Reynolds, Edward. *A Treatise of the Passions and Faculties of the Soule of Man* (1647), p. 505, para o ceticismo de Reynolds sobre as capacidades linguísticas dos animais.

Sayce, R. A. *The Essays of Montaigne: A Critical Exploration* (Londres: Weidenfeld and Nicolson, 1972).

Screech, M. A. *Montaigner Annotated Copy of Lucretius: A Transcription and Study of the Manuscript, Notes and Pen-marks* (Genebra: Librairie Droz, 1998), p. 152, para as anotações de Montaigne relacionadas ao provar; p. 499, para a remoção da frase de Lucrécio.

Starobinski, Jean. *Montaigne in Motion*, trad. Arthur Goldhammer (Chicago: Chicago University Press, 1985).

Stebbins, F. A. "The Astronomical Instruments in Holbein's 'Ambassadors'", *Journal of the Royal Astronomical Society of Canada*, 56 (1962), 45-52, para os instrumentos astronômicos em *Os embaixadores*.

Supple, James. *Arms versus Letters: The Military and Literary Ideals in the Essays* (Oxford: Clarendon Press, 1984).

Tetsurõ, Watsuji. *Rinrigaku: Ethics in Japan*, trad. Yamamoto Seisaku e Robert E. Carter (Albany: State University of New York Press, 1996).

Welles, Orson. *Interviews*, ed. Mark W. Estrin (Jackson: University Press of Mississippi, 2002), p. 62, para a admiração de Welles por Montaigne.

Yuasa, Yasuo. *The Body: Toward an Eastern Mind-Body Theory*, ed. e trad. Thomas P. Kasulis e Shigenori Nagatomo (Nova York: State University of New York Press, 1987), p. 47, para a visão de Watsuji sobre a natureza da amizade.

Ilustrações

PÁGINAS

Foram feitas todas as tentativas de localizar e contatar os detentores de direitos autorais. O editor terá satisfação em retificar, na primeira oportunidade, quaisquer omissões ou erros trazidos ao seu conhecimento.

Índice

Impressão e Acabamento: Markgraph